# 个人经验萃取技术

## 秀出更优秀的自己

王兴权(王萃取) 著

北京联合出版公司
Beijing United Publishing Co.,Ltd.

图书在版编目（CIP）数据

个人经验萃取技术：秀出更优秀的自己 / 王兴权著. — 北京：北京联合出版公司，2020.3
ISBN 978-7-5596-3857-1

Ⅰ.①个… Ⅱ.①王… Ⅲ.①成功心理—通俗读物 Ⅳ.① B848.4-49

中国版本图书馆 CIP 数据核字 (2019) 第 295705 号

## 个人经验萃取技术：秀出更优秀的自己

作　　者：王兴权
选题策划：北京时代光华图书有限公司
责任编辑：管　文
特约编辑：刘冬爽
封面设计：夏　天

北京联合出版公司出版
（北京市西城区德外大街83号楼9层　100088）
北京时代光华图书有限公司发行
嘉业印刷（天津）有限公司印刷　新华书店经销
字数207千字　787毫米 × 1092毫米　1/16　18印张
2020年3月第1版　2020年3月第1次印刷
ISBN　978-7-5596-3857-1
定价：68.00元

版权所有，侵权必究
未经许可，不得以任何方式复制或抄袭本书部分或全部内容
本书若有质量问题，请与本社图书销售中心联系调换。电话：010-82894445

# 特别推荐

## 合作企业高管

优秀经验萃取与传承是企业培训的首选方式，不仅能够沉淀宝贵的内部智慧财富，还能通过萃取过程遴选一批行业专家，同时快速有效地提升新手技能水平，可谓一举多得。这本书则完全超越企业经验萃取的范畴，将萃取应用在个人思维力以及生活力的提高上，角度刁钻，立意新颖，不得不看。

——卓望公司培训主管　张晓晴

个人经验积累、组织知识管理，萃取是一种高效、实用的方式，将个人的经验短期有效地推广，组织知识成为组织能力。这是一本非常好的书，强烈推荐。

——惠普大学原高级培训顾问　张益清

王兴权老师具有多年的企业培训经验，对于企业知识管理具有较强的实战经验，通过多年的沉淀、研究，他将知识萃取形成了一套完整的方法论。本书详细阐述了如何对知识进行提炼、萃取，同时也可帮助并指导企业培训 / 人力资源 / 管理人员，如何针对知识萃取进行实操，具有很强的实战用途。

——金银岛（北京）网络科技培训经理　王远

## 同行讲师

　　我们都知道工作实践是最好的学习方式，为什么同样的工作经历下有人成长得快，有人成长得慢呢？其中一条重要原因就是人们在反思、提炼能力方面存在差异。该书将个人萃取技术进行了萃取，总结为6个步骤，相信对于想要提升该方面能力的朋友会很有帮助。

——《培训进化论》作者　张立志

　　专家是如何炼成的？是通过对自我经验的不断提炼、总结和升华。王兴权老师通过一系列的经验萃取著作，不仅提供组织经验萃取的模型，而且对个人经验的总结研究也在不断加深。本书从流程、能力和应用三方面进行了详细的讲解，并且提供了实用的工具和方法，让读者即学即用。无论面对工作还是生活，相信你都能够从本书中受益匪浅。

——韬钰咨询创始人　周涛

　　这是一本有真材实料的书，王老师在里面写了很多"真东西"。这也是一本有理论体系的书，书里有王老师自己的理论模型，并且环环相扣，引人入胜。 这更是一本有实践价值的书，书中的案例、模板和工具都可以拿来即用。

——版权化学习产品研发专家　刘议鸿

　　我与兴权相识多年，他勤学善思，具备超强的总结提炼能力，且笔耕不辍，令我钦佩不已。作为专攻"经验萃取"的牛人，本书是他的又一"萃取"力作,相信读者不仅能从中汲取到大量的"个人式萃取"的方法,更能从中学习到一名萃取专家的思维方式,有助于转换看世界的角度。

——职业培训师　王兴东

王兴权老师是国内少有的顶级经验萃取专家,可以协助企业骨干把零散的经验快速抽象化,整理出结构化的套路,方便企业对内和对外的高效知识传播。他有很多方法论和工具,可以提高企业内部知识传播的效率和效果,带来企业绩效的提升。

——培友汇创始人　郝志强

在VUCA时代下,越来越多标杆企业开始注重组织经验的积累与复用,组织经验萃取已成为每一家优秀企业必须开展的工作。"要萃别人,先萃自己",王萃取的这本书详解了个人式萃取的核心能力和方法,可帮助读者快速萃取自身的优秀经验,为组织贡献最佳实践。

——CSTD中国人才发展社群创始人　熊俊彬

## 合作培训机构

王老师是我们的特聘专家,也是我们商学院知识管理的辅导老师。王老师用他独到且系统的理念和方法,帮我们沉淀了优秀员工的经验,使知识显性化,让内部人才培养有了基本遵循路线。王老师的这本书,让我更加坚定地认为,萃取就是这样一套能让我们复盘知识、沉淀知识和系统知识的方法。

——诺亚商学院执行院长　张涛

一个人的成长，一方面源于行动，另一方面源于思考。如果说"知行合一"是成长的第一个难点，那么"行而有思"则是成长的另一个难点。王老师这本书围绕个人结构化的经验萃取，给出了实用的理论、方法和工具，为个人思考行动，复盘收获，形成结构化的经验提供了有力的指导。

——深圳傲举咨询公司总经理　宋博

工作有章法，思维有套路！掌握"萃取技术"就掌握了一套方法论，解剖成败得失，可持续优化。精通"萃取"，学习最佳实践，可共享智慧。在共享经济流行的今天，智慧就是最大的经济，于组织的价值不言而喻！特别推荐王老师萃取系列的第二本书，你值得拥有！

——正德咨询总经理　徐创录

萃取技术不仅是沉淀组织经验的最佳方法论，更是挖掘个人智慧资源的最佳工具。在鼓励超级个体崛起的时代，学习萃取技术可以让每个人变得更加自信。如果你觉得自己一无所长，就可以每天给自己做某一主题的萃取，行动起来，终有一天你会成为这个领域的超级个体。

——宁波时代管理高级合伙人　鲍晓萍

王老师的书，是集实用性、理论性、工具箱为一体的"实学"书，既能给读者提供广博的知识，也可以让读者用结构性很强的解析工具学以致用、举一反三！

——优识营销学院创始人　穆兆曦

万事皆可萃，因为万事皆有法。接触王老师的萃取技术之前，我只看到了"万事",却没看到"法"。萃取技术帮我撩开了"法"的面纱,以法见法。运用这个方法,我对世界认知的速度是呈指数级增长的。

——新职道咨询总经理 薛海冰

## 萃取技术认证讲师

　　一本好书,基于智慧,取于哲理,悟于架构,传于经典。本书中有引人入胜的萃取理论模型、重塑观念的课程价值体系、定位明确的应用场景和成熟落地的工具技术。这本书以匠人之心、师者之诚,赋予了萃取技术理论价值的新高度。会读书,读好书,我相信本书定能帮助你在企业内训实践中大放异彩。

——萃取技术认证讲师 廉潇宇

　　我接触和学习经验萃取已经有好几年了,多方面对比下来,我认为,在萃取理论研究的深入性、萃取实践的丰富性和全面性等方面来说,王老师都应该是当之无愧的萃取第一人。在看完书稿后,熟悉的味道扑面而来,好用、实用始终是王老师萃取技术的最大特点,相信看完本书后,你也会有和我一样的感受。

——萃取技术认证讲师、某大型国有企业培训经理 张鸿飞

　　我是王老师萃取技术认证课的学员,学习后在单位进行了多次实践,一方面提升了个人萃取的能力,一方面也为组织经验的保留做了贡献。王老师的新书深入介绍了个人如何萃取自己的经验,这是王老师多年实践总结的精华,强烈推荐。

——萃取技术认证讲师、清华同方大数据应用产业本部
人力资源部总经理 于燕

王老师是我认识的在萃取领域有深入研究的老师。这本书给我印象最深的是个人萃取的核心能力：从工作到生活，从经验到错误，随时随地均可萃取。在具体落实方面，书中也提供有详细的萃取流程，从选主题到定内容、从流程优化到案例总结、从场景再现到行为量化，让萃取更容易落地，方便实施。本书案例丰富，流程清晰，工具齐全，是一本非常值得阅读和收藏的萃取宝典。

——萃取技术认证讲师、《培训的力量》作者　许盛华

我是王老师弟子班的学员，从《萃取技术》一直学到《个人经验萃取技术》。本书从系统模型介绍到方法流程，光萃取技能就有漏斗法、牛招法等六种不同类型方法，王老师的经验萃取自成体系、直戳痛点、易学易用，王萃取就是个人式萃取的典范。

——萃取技术认证讲师、重庆银行人力资源资深经理　阳义

因为王老师这本书，让我对经验萃取有了系统、清晰的认识，进一步完善了我在组织经验萃取方面的知识体系。它犹如一盏明灯，照亮我在组织经验萃取的道路，使我可以在路上正确前行。感谢王老师，期待这本新作为每一个人带来更多、更好的指引！

——青岛萃取技术培训班学员　雷剑峰

# PREFACE 自 序

## 本书使用说明

感谢你选购本书,为了使你更好地使用本书,请先阅读本书的使用说明。

萃取技术是一个成熟的理论体系,2018年1月,我出版了第一本关于萃取技术的书——《萃取技术·模型篇》,侧重点是萃取技术在组织经验萃取领域的应用。

这是关于萃取技术的第二本书,侧重于萃取技术在个人经验萃取领域的应用,我将之命名为《个人经验萃取技术》,又称为《个人式萃取》。

未来,我还会继续推出《访谈式萃取》《共创式萃取》《萃取师的工具箱》等系列图书,让大家能够深入了解萃取技术,灵活运用萃取技术,并通过使用萃取技术,让自己变得更优秀。

由图1萃取技术体系可知，业务专家、管理干部、内训师和关键岗位精英并称为企业里的"四大名萃"，其自身拥有很多值得总结分享的经验。如果他们能够学会个人经验萃取技术，就可以随时随地萃取自身的优秀经验，为组织贡献最佳实践。当然，他们也可以对个人生活、休闲、公益等多个领域的经验进行萃取。

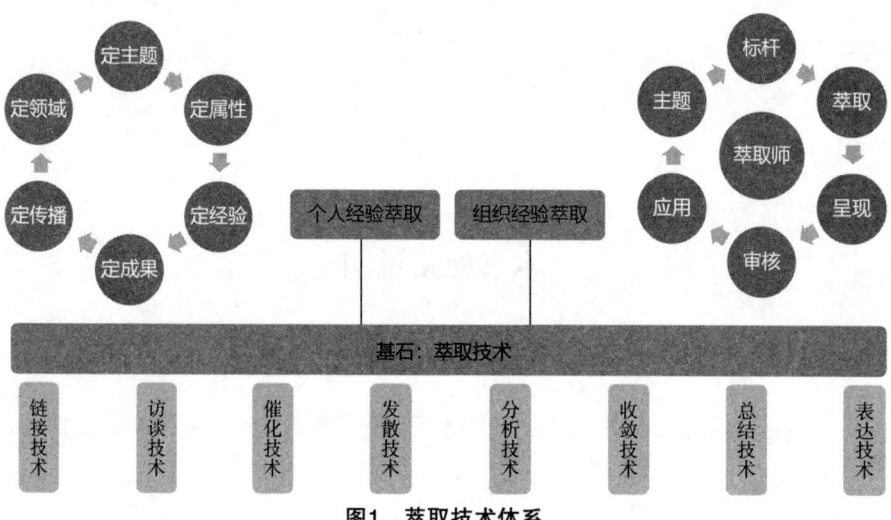

图1　萃取技术体系

个人经验萃取，是《萃取技术·模型篇》里介绍过的一种萃取方式。无论是在单课培训还是在项目中，个人经验萃取都是最常用的萃取类型。

一般情况下，萃取师会带领标杆学员萃取自身经验，然后呈现出某种类型的成果；在需要访谈名人萃取经验时就用访谈式萃取；需要带领大家一起萃取经验时就用共创式萃取；需要三者合用时就用混合式萃取。

总体来说，个人经验萃取可以分为三个部分：个人经验萃取的方法、个人经验萃取的核心能力和个人经验萃取的应用。如图2所示。

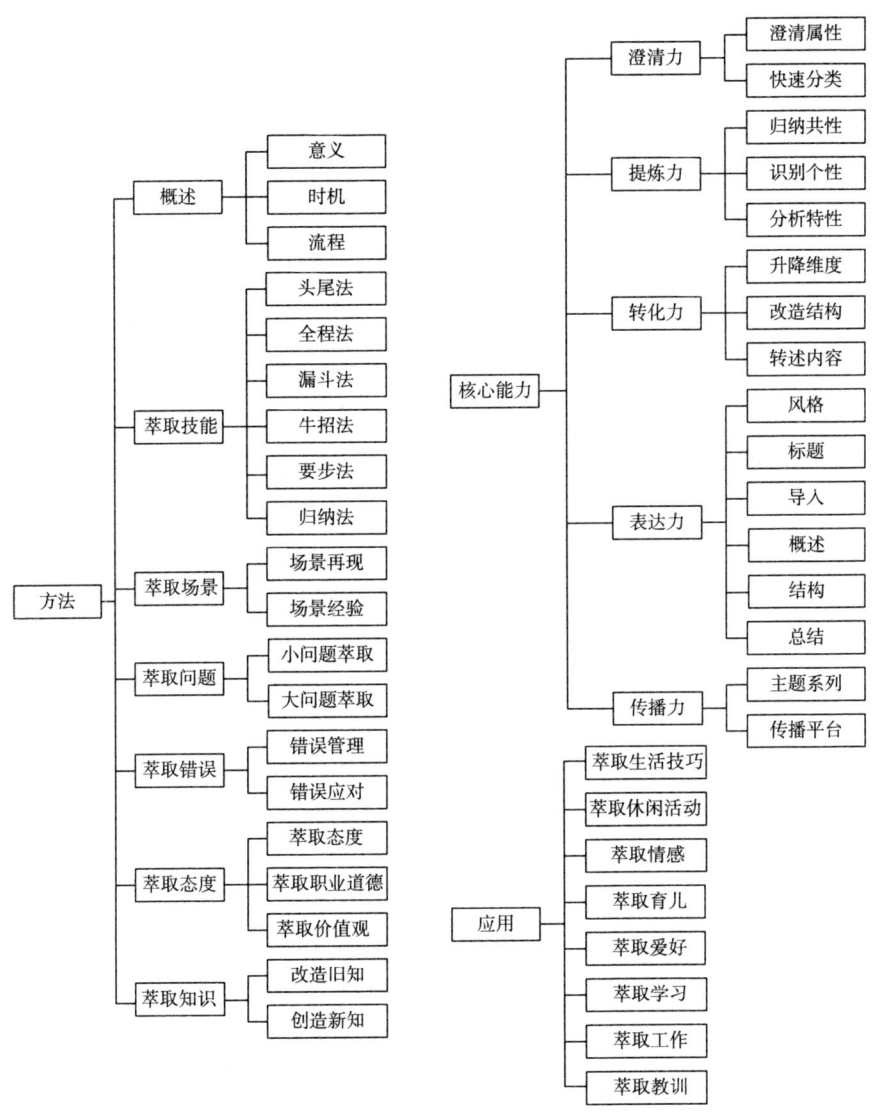

图 2 个人经验萃取结构图

第一章讲个人经验萃取的流程，是通用必读的内容。通过这章的内容，读者可以对个人经验萃取有一个全面的了解，明确个人经验萃取的意义，洞悉个人经验萃取的时机，清楚个人经验萃取的流程。因为这部分内容与《萃取技术·模型篇》的内容有所交叉，所以不会详细展开。

第二章到第七章是本书的核心内容，从易到难地介绍了六种萃取的主题。第二章的萃取技能介绍了六种最常用的萃取方法，也是人们在日常生活中经常会用到的萃取技术；第三章的萃取场景是萃取主题的抓手，包括场景再现、场景经验萃取等内容；第四章的萃取问题包括小问题萃取和大问题萃取，两者的不同在于是否需要形成严谨的解决方案；第五章的萃取错误是"错中萃""错中学"，包括了错误管理和错误应对，主要是找到避免错误的正确操作步骤；第六章的萃取态度是比较难的，因为不好量化，所以也不好萃取，这章主要介绍了萃取态度、萃取职业道德、萃取价值观等不同软技能主题的萃取方法；第七章的萃取知识是最难的，在一个领域内精深的表现就是会改造旧知、创造新知，比如，萃取技术就是我创造新知的一个例证。这六章里除了理论介绍外，还有大量的练习内容，读者需要跟着示例进行演练，才能真正学会个人经验萃取技术。

第八章介绍了个人经验萃取背后的五大核心能力：澄清力让你可以像专家一样，厘清主题、快速分类；提炼力让你能够归纳共性、识别个性、分析特性，因为萃取能力从狭义角度理解就是提炼力，所以这项能力对人们学习萃取技术来说特别重要；转化力助你催化萃取时峰回路转、思路活跃，做到"升降维度引妙招，改造结构理步骤，转述内容出方法"；表达力让经验更好用、更好看，可以不断提升个人的风格、标题、导入、概述、结构和总结等方面的表达呈现能力，实现"萃取得好，更要表现得好"；传播力让经验得以传承，你需要规划系列主题、持续传播，当一个主题有 30 篇署名经验时，你虽然有可能不是专家，但也很接近专家了。

  第九章是个人经验萃取在不同领域的应用范例，个人在生活、休闲、情感、育儿、爱好、学习、工作、教训等层面都可以"想萃就萃，无所不萃"，随时随地，萃我想萃，秀出最优秀的自己。

  "要萃取别人，先萃取自己"，如果萃取师连自己的经验都不会萃取，又怎么可能会萃取他人的经验呢？衡量一个萃取师的能力，主要就是看他萃取了多少经验，写了多少文章，而不是靠一萃取师的名号到处过度宣传，那只会破坏经验萃取的名声。萃取师的成长需要不断学习萃取技术，提升萃取能力。个人经验萃取是每个萃取师的入门必修科目。

  所以，你能从本书中取得的收获，就是你跟随本书萃取了多少对自己有用的经验，"光说不练假把式，学了就萃真本事"，期待各位读者在演练中学习，在改进中提升萃取技术。

  有需要跟我进一步交流的读者，可以搜索我的微信公众号wangxingquan010，或扫描下方二维码，加我为好友，欢迎你带着萃取练习案例和我一起进行讨论！

作者微信号

王兴权（王萃取）

于北京

# RECOMMENDATION 推荐序1

## 学习萃取技术，就找王萃取

王兴权老师是我非常欣赏的一位老师，他勤奋、专注、务实，是一位实实在在的萃取技术实践者。

近几年，"萃取技术"一词在中国异常火热，作为一种学习技术，它被频繁地应用在组织人才发展项目中。以我的公司为例，在行动教练的学习项目中，萃取技术是必备的技术，我们要求学习顾问也必须掌握萃取技术。

王老师书中所有的思考和总结，都是他在不断地萃取过程中的经验积累。他不仅在企业人才发展领域对萃取技术进行了大量的实践和推广，而且将这种技术普及化，使每个人都可以轻松掌握这种技术。

知识萃取不仅是组织沉淀和传播优秀工作方法的必经之路，更是个人加速自我学习成长能力的利器。成人学习的特点是经验导向的，每个人都携带很多经验，如果能够学会个人经验萃取，就可以随时随地萃取自身的优秀经验。行动教练要秉持"支持、期待、信任"的原则，坚信每个人的潜能都是无限的，每个人都是待开发的宝藏，萃取技术就犹如一根神奇的魔法棒，能够将宝藏最终显现出来。因此，一个人如果能在日常工作中及时进行萃取，那么他的成长速度将大大提升。

萃取技术考验的是人们的提炼、转化、表达等多种能力，想要掌握这种技术，就需要正确的方法论作为指引，王兴权老师的《个人经验萃取技术》一书就提供了这样的方法论。

这本《个人经验萃取技术》侧重于萃取技术在个人经验领域的应用。该书对个人经验萃取的流程、能力和应用场景分别做了阐述和梳理，结构清晰明了，便于理解和掌握。尤其是萃取应用模块，王兴权老师列举了大量生活化的场景、示例，读起来生动有趣，原来萃取技术这么有趣好玩。

希望这本倾注了王兴权老师心血之书，能给职场新人、老将带来实实在在的成长价值。

相信这本书一定会让你有所收获，共同践行"萃取学到位，万事皆可萃"！

季益祥
行动教练创始人
上海爱问网络科技有限公司董事长

# RECOMMENDATION 推荐序2

## 个人经验萃取：每个人成长的必备能力

王老师关于萃取技术的新书即将出版，我有幸先一步阅读，基于对王老师的了解和项目合作的经验，特在此抛砖引玉，希望能给各位读者带来启发和参考。

**始于微信**

我和王老师的认识始于微信，我们是微信上的好友。曾经有一段时间，我发现王老师总是在朋友圈推送萃取技术的知识和相关活动，印象比较深刻的是"萃取百问""萃取实战"系列。关注他的朋友圈就可以系统学习萃取技术，这让我很惊讶，这样专注、善于创造知识的人在当下是不多见的。

### 交于分享

云学堂炫课成立经验萃取模块后，我第一时间想到邀请王老师作为专栏专家来帮助我们，王老师欣然同意，由此在云学堂微信公众号上分享了大量有关经验萃取的文章，让读者对经验萃取有了更多的认识和了解。

### 始于海尔

2018年，云学堂与海尔合作微课开发的项目，海尔对经验萃取有了明确的需求，由此我们成立了以王老师为核心的经验萃取项目执行团队。萃取海尔家用空调直销员的经验，产出了三个手册，后期对经验进行了试点、转化、推广，王老师全程参与，倾心投入，使项目取得了很好的成效。

王老师在海尔经验萃取项目实施期间，使用萃取技术，访谈精英直销员，带领大家共创经验，产出了十分可观的成果。王老师现场直接使用萃取技术的多种"神器"，轻松产出经验，让我们项目组和企业人员都叹为观止。不愧是研究经验、输出经验的"王萃取"，这是我们对王老师发自内心的尊称。

### 信于图书

王老师不仅善于萃取经验，更善于研发知识，他自己就是经验的产出达人，真正践行了"要萃取别人，先萃取自己"的理念。总结经验是一门技术活，王老师把这个技术研究成了一个领域。2018年1月，王老师出版了《萃取技术·模型篇》，由此开始了萃取技术作为一个领域的征程，今年他又出版个人经验萃取的集大成之作，可谓不断精专的典型。

纵观《个人经验萃取技术》全书，十分注重总结自身的经验，从技能、场景、问题、错误、态度、知识等方面讲授萃取的方法和技巧，特别实用。每个人都应该学会萃取自己的经验，尤其是企业的内训师、管理干部、业务专家，不能让宝贵的经验因为"会做不会说"而隐藏、流失。

这本书中光是萃取技能，王老师就研究出了六种方法，真是令人佩服！掌握了萃取方法，就能做到"万事皆可萃"，工作、生活、休闲、情感等各个领域的经验都可以萃取；提升了萃取能力，就能做到"万招皆可取"，模型、方法、流程、标准、口诀、工具都可以萃取。

**忠于专注**

王老师不是那种"讲经验萃取的人不会萃取自己"的伪专家，他自己就在不断总结经验、萃取经验，真正地使用、会用、善用萃取技术。他改造旧知，整合行动学习、引导技术、教练技术的内容，"为我所用"，改造形成了很多萃取工具；他创造新知，提出了"萃取技术、个人式萃取、访谈式萃取、共创式萃取、混合式萃取"等理论方法，是名副其实的"王萃取"。

王老师这本提高个人总结能力、萃取个人最佳实践的图书值得每个人拥有，尤其是培训界的各位同人。"没有不能萃的，只有不想萃的"，希望每个读者都可以萃取自己的宝贵经验，并分享给更多的人，让经验无处不在，让经验无所不能，让经验无坚不摧。

丁捷

云学堂总裁

CONTENTS 目 录

## 第一章 个人经验萃取：做更优秀的自己

### 第一节 个人经验萃取的意义 002

成长：萃取是一种学习方法 003

成果：萃取让成果批量产生 005

成就：随时秀出优秀的自己 006

### 第二节 个人经验萃取的时机 007

取得成绩可以萃取 008

对标大咖可以萃取 010

工作总结可以萃取 010

年度盘点可以萃取　011

错误教训可以萃取　011

想萃就萃随时萃取　012

### 第三节　个人经验萃取的流程　013

定领域：确定当次萃取领域　014

定主题：确定值得萃取主题　015

定属性：确定知识态度技能　015

定经验：确定经验萃取完成　016

定成果：确定成果呈现形式　016

定传播：确定传播扩散途径　017

## 第二章　萃取技能

### 第一节　头尾法　020

起点步骤　021

终点步骤　022

中间步骤　022

过滤步骤　024

重点步骤　027

难点步骤　028

第二节　全程法　029

全部步骤　030

筛选去除　031

步骤确定　032

第三节　漏斗法　033

盘点步骤　034

五重过滤　035

有效评估　040

第四节　牛招法　043

成功个案　044

个案牛招　045

评估牛招　046

拆分流程　047

第五节　要步法　049

成功个案　050

重要步骤　050

串联步骤　051

第六节　归纳法　054

多个案例　055

拆分流程　056

总结共性　058

# 第三章　萃取场景

### 第一节　场景再现　062

场景描述　063

场景简称　064

场景背景　064

场景冲突　065

场景行为　066

场景选择　067

场景结果　068

场景疑问　069

### 第二节　场景经验　071

操作流程　072

口诀化　072

量化行为　073

新手与高手的差距　075

牛招　076

重点　077

难点/错点/对策　078

## 第四章　萃取问题

### 第一节　小问题萃取　082

整理要点　083

合并分类　084

排序调整　085

口诀转化　086

### 第二节　大问题萃取　088

界定问题　089

确定真因　092

萃取经验　096

制订方案　099

## 第五章　萃取错误

### 第一节　错误管理　104

错误档案　105

错误类型　106

错误代码　107

第二节　错误应对　108

错误再现　109

错误原因　109

错误对策　110

# 第六章　萃取态度

第一节　萃取态度　114

界定主题　115

等同行为　116

行为量化　117

抽离步骤　118

第二节　萃取职业道德　121

界定道德　122

正面案例　123

反面案例　123

利弊得失　124

选择行为　125

第三节　萃取价值观　128

界定价值观　129

价值作用　129

投入程度　130

行为流程　130

# 第七章　萃取知识

## 第一节　改造旧知　134

对理论的解读　136

对术语的解释　138

对工具的解法　139

对问题的解剖　140

对应用的解决　141

## 第二节　创造新知　143

创术语　144

创方法　146

创工具　149

创模型　152

创体系　153

# 第八章　个人经验萃取的核心能力

## 第一节　澄清力　158

澄清属性　159

快速分类　160

## 第二节　提炼力　162

归纳共性　163

识别个性　164

分析特性　165

## 第三节　转化力　167

升降维度　168

改造结构　169

转述内容　170

## 第四节　表达力　172

风格　173

标题　174

导入　175

概述　177

结构　178

总结　180

第五节　传播力　182

主题系列　184

传播平台　188

# 第九章　个人经验萃取的应用

第一节　萃取生活技巧　192

第二节　萃取休闲活动　203

第三节　萃取情感　211

第四节　萃取育儿　215

第五节　萃取爱好　221

第六节　萃取学习　230

第七节　萃取工作　236

第八节　萃取教训　251

第一章

# 个人经验萃取：做更优秀的自己

在我看来，个人经验萃取是最常用，也是最好用的萃取方式。个人经验萃取可以在标杆配合时使用，助你随时萃取名人的经验，达到个人成长、梳理成果、展示自我的目的。个人经验萃取的完整操作流程是"六定"，在成绩总结、工作总结、对标总结等方面应用广泛。

## 第一节　个人经验萃取的意义

"师傅好，培养协议已经快递给您了，这两天就能到。"崔小白在微信上给王萃取留言道。

得知王萃取在微信朋友圈发布了将要开办萃取技术弟子班的消息后，崔小白马上报名了。

"小白你好，谢谢你的信任，咱们之间还是保持原来的称呼就好。"

王萃取其实一直不愿意收自己认识已久的崔小白为徒，怕双方碍于情面，不方便进行交流和指导。哪知崔小白三番五次地向他保证，还特地见了一面，对他担心的事情逐一进行了说明和保证，王萃取这才同意收他为徒。

"好的，那在别人面前我们还是以师徒相称，只有咱们两个人的时候我就称呼您为王老师吧。"崔小白提议道。

"这样好，听着不别扭。"王萃取同意了这个方案，"好了，咱们还是赶紧操练起来吧，好让你早日学会萃取技术。"

## 第一章
个人经验萃取：做更优秀的自己

"好啊，我之前看过您的培养计划，咱们是不是需要先从个人经验萃取技术开始学起？"崔小白说出了自己的疑惑。

"对，因为各种萃取技术的深度和广度不大一样，所以咱们需要一步步深入学习各种萃取方式，首先要学的就是个人经验萃取技术。"

"好的，王老师，咱们就按照您的教学节奏来学习吧。"

"好，我们先看一下个人经验萃取的意义……"王萃取开始了对崔小白一对一的辅导。

个人经验萃取，即"自己萃自己"，是一种十分容易操作的萃取方式。无论是名人总结自己的经验，还是大咖整理经验写书，都会应用到这种萃取技术。因为这种萃取技术有高效产出、上手容易的特点，所以可以让个人得到快速成长，并产出成果、秀出成就。

"要萃取别人，先萃取自己"，萃取技术弟子班首先要学的就是萃取自己经验的方法。在企业单课萃取培训中，被选择最多的培训课也是个人经验萃取课。通过这种训练，可以培养出更多的萃取师，并产出多个成果。

## 成长：萃取是一种学习方法

一个人的成长 = 现有知识 + 将有经验

一个人的成长需要借助于前辈沉淀的经验，并通过相关图书、文章、论文课程等进行学习，这是内化外在经验的过程，也是每个人从入门到进修所必须经历的步骤。人们只有多学多看，才能在继承大咖经验的基础上获得成长。

但是,如果你想进一步成长,就不能总学别人的经验。在王萃取的微信朋友圈里,经常有人会晒自己参加了什么读书会,报了哪门在线课程,等等。其中,有的课程涉及许多繁杂的内容,天文地理无所不包,这种多领域的学习方法只能让人成为杂家,而且是入门级的杂家。他们学的都是现有知识,表面上知道很多,但深入了解得很少,只能引用他人的话,最多甩几个新的名词、术语,却没有自己独特的看法和想法。

要想有自己的想法,就要把自己"经历"的事情萃取为"经验",尤其是基于一个主题/领域做萃取时,需要把自己的"将有经验"批量梳理出来。此时,个人得到的成长是飞速的,一次萃取就能获得一次成长,一条经验就相当于一个阶梯。

举个例子,王萃取在研究经验萃取技术时,看了一些有关知识管理的图书,这是在学习"现有知识"。然后,他不断萃取自己的"将有经验",并陆续萃取出了"萃取模型""个人式萃取""访谈式萃取""共创式萃取""混合式萃取""总结技术""收敛技术"等诸多"将有经验"。所以,"现有知识"帮助王萃取入门,"将有经验"则让王萃取获得成长。

在不同成长阶段,"现有知识"和"将有经验"的比重是不同的,新人刚入行时,"现有知识"的比重占100%,他需要充分吸收前辈的经验,不要着急创造;入门之后,"现有知识"和"将有经验"的比重可以变成一半一半,他一边吸收前辈的经验,一边萃取自己的经验;等到他可以不做任何准备,随意讲领域内的主题达10分钟以上时,就可以把"将有经验"的比重加大到80%以上,以萃取自己的经验为主,并不时关注同行的知识作为补充。

"萃中学"是一种相当有效的学习方法，相比"课中学"，它可以产出自己的思想；相比"做中学"，它可以在塑造能力之外系统梳理思想；相比"人中学"，它可以萃取自己的思想。

新人入行时通过萃取问题来找答案，在解决问题中学习；大咖在梳理时通过萃取经验来找方法，系统总结自己的经验，在剖析成绩中成长。

## 成果：萃取让成果批量产生

在我看来，萃取是总结经验、产出成果的最快方式了。比如个人经验萃取，半天就可以做到1人萃取1条经验。总结经验用个人经验萃取，就可以做到1天萃取1个案例、1天萃取1个微课、1.5天萃取1门短课程、2天萃取1门长课程、3天萃取1个方法论（手册）、6天萃取1本书等。

所以，一个有30人的萃取培训班，可以产出30条经验，随着时间增加，可能会出现人均5~10条经验的情况，这比访谈式萃取、共创式萃取的成果和数量都要多。比如王萃取给招商银行的客户经理做百问百答的经验萃取，在3天2晚的时间里，人均萃取出了8条经验，最后产出了110条经验。

当然，萃取成果的数量和参与的标杆多了，萃取师可能不能逐一指导到位，没时间深入讲萃取方法的来龙去脉，只能指导学员使用萃取方法、工具；产出成果的质量会参差不齐，人均多条经验，时间短任务重，有的经验就会不合格，这也是个人经验萃取的代价，只能通过后续审核进行优化。

一般来说，萃取技术的应用很广泛。比如，企业里参与的学员很多，都希望学了萃取技术就可以用；企业标杆聚齐一次不容易，希望一次多萃取一些可以用的成果。各种萃取技术都有利有弊，那么，企业如何确定应该采用哪种萃取方式呢？如果企业给的萃取时间较短，就只能采用个人经验萃取技术；如果企业将经验萃取做成了项目，也可以用个人经验萃取技术，后期有专门的经验审核环节；企业组织最佳实践大赛、微课大赛、案例大赛等比赛，可以用个人经验萃取技术培养更多的内部萃取师。

**成就：随时秀出优秀的自己**

个人经验萃取总结经验特别快，随时可用，企业管理者、业务专家、内训师学会个人经验萃取技术后，就可以随时随地总结工作经验，让萃取时刻发生，而不必依托于专门的萃取培训。个人经验萃取技术，是最好的内训师赋能方式，也是萃取技术认证的常见方式。

在发朋友圈时可以用个人经验萃取技术快速总结出一条经验，在微信群发消息时可以用个人经验萃取技术快速写一条微文，在微信公众号发布文章时可以用个人经验萃取技术写出一篇文章，在需要做培训时可以用个人经验萃取技术快速开发一个课件，等等。

看书时，用个人经验萃取技术总结前辈的经验，比传统的画重点、写心得要深入得多；看新闻时，用个人经验萃取技术提炼一下要点再转发或评论，比单独转发、一言不说或复制原文要好很多；看到朋友圈的好文时，可以用个人经验萃取技术抒发一下个人的看法，顺便萃取自己的经验；参加培训看到好的课程或资料时，可以用个人经验萃取技术进行内化，比纯粹地复制、照搬要深化很多，还能转化为自己的课程；看到经典的工具、方法时，可以尝试用个人经验萃取技术进行改造，就有可能产生新的工具和方法。

## 第二节　个人经验萃取的时机

"听完您的介绍，我发现个人经验萃取确实很重要，尤其是对个人成长来说。"崔小白感叹道，"我之前听您的公开课、认证课时只是当知识点来学，确实没从这个深度来理解问题。"

"是的，萃取技术弟子班都会学习问题背后的原理和方法，与其他培训方式的深度完全不同。"王萃取解释道。

"既然个人经验萃取这么重要，那么我们何时使用比较合适呢？"

"其实，个人经验萃取的应用范围很广，任何时间都可以使用。"王萃取继续耐心解释，"比如，你解决一件难事时可以萃取，取得一个重大成绩时可以萃取，看到一个名人时也可以萃取……"

"想萃就萃，无所不萃！"崔小白脱口而出自己的感受。

"是的，个人经验萃取仅仅会麻烦到自己，需要和自己进行死磕，所以个人只要想萃取，就可以随时萃取出经验。"王萃取最后总结道。

萃取时机指的是人们在应用机会方面的把握能力。和其他萃取经验相比，个人经验萃取在萃取时机的选择方面更加灵活和多变。

访谈式萃取要预约标杆，麻烦的是两个人；共创式萃取要汇集众智，麻烦的是一群人。因为凑齐人比较难，所以萃取的机会就会少很多，萃取时机自然也就不好把握了。企业里的名人、内训师、管理干部学会个人经验萃取技术后，就可以经常萃取自己，实时取妙招，随地萃取经验。这样，组织经验的沉淀会更容易一些，所以，个人经验萃取是组织建立经验管理系统时必须推广的萃取方式。

**取得成绩可以萃取**

每个人在工作和生活中都会取得很多成绩，每个成绩的背后都隐藏着经验，这些经验可以在工作、生活、休闲、情感、娱乐等多个领域中获得，没有限制。所以，如果你在哪个领域取得了成功，就可以萃取出与成功相关的经验，为自己所用。

下面罗列的是一些人们在生活中比较常见的拿手技能，各位读者可以自测一下，看自己已掌握了哪些妙招，并思考如何采用个人经验萃取技术把这些妙招萃取出来。

案 例
### 人们生活中比较常见的技能

- 画简笔画非常好。
- 下象棋特别厉害。
- 特别会赞美人。
- 做土豆丝很好吃。
- 削苹果不断皮。

## 第一章
### 个人经验萃取：做更优秀的自己

- 思维导图用得好。
- 喝啤酒能一瓶干了。
- 买东西砍价每次都成功。
- PPT 设计一级棒。
- 精通茶艺文化。
- 游说领导有一套。
- 服饰搭配特别得心应手。
- 能用手机拍出大片。
- 舞蹈跳得好。
- 理财、炒股能赚钱。
- 特别会哄孩子。
- 特别会给孩子讲故事。
- 维修电脑很厉害。
- 各地旅行特会玩。
- 看房、买房很精通。
- 开车、停车都很熟练。
- 会唱很多歌，而且唱得特别好听。
- 精通医疗保健。
- 会修理家用电器。
- 文章写得优秀。
- 会书法。
- 多肉植物养得好。
- 会用折纸做玩具。
- 很会处理夫妻关系。

### 对标大咖可以萃取

当你在生活或工作中遇到大咖时,是不是想过要学习他们的思想和方法呢?但是想要系统、深入地学习他们的技能并没有那么容易,这就要用到个人经验萃取技术,通过"萃中学"加强理解与记忆。

具体的操作是,你根据大咖提供的内容,梳理出问题或场景,然后采用个人经验萃取技术整理出自己理解的流程,再对标大咖的流程和内容,微调一下就完成了对标学习,这样你学到的就是自己萃取的流程。

你如果在读书时按照这种方法进行学习,就可以顺利完成转述;在听取大咖的培训时,可以自己梳理问题或需求,就能建构出自己的体系;在与大咖交流座谈时,按照大咖讲的内容,快速萃取出自己的流程;在网络上看到大咖的文章,也可以通过标题导入,先萃取自己理解的流程,再与原文对照修改。

### 工作总结可以萃取

职场人可以用个人经验萃取技术进行周总结、月总结和工作总结,除了盘点工作完成与否的进度外,更可以萃取成就事件的经验、总结错误事件的教训,让经验与总结成为成功路上如影随形的搭档。

每个工作事件的经验都可以进行萃取,如果已经有了操作流程,就可以把新方法、新工具、新口诀、新模型等萃取出来,或者把新事件、临时事件的操作流程一并萃取出来。

工作中的失误事件、错误事件等,也可以用个人经验萃取技术总结经验教训,把错误复盘呈现,然后萃取出正确的工作流程、工作方法,确保不再犯错。

**年度盘点可以萃取**

年度总结不仅仅是公司要求的工作总结,还包括了个人这一年在生活休闲、家庭情感、社会公益、自我发展等领域的总结。你可以每年总结一下自己在各个领域的进步,把里面的成功经验萃取出来,写成文章进行保存。

如果公司有统一的工作总结模板,可以按照模板进行总结,或者按照"1个里程碑、3个亮点"步骤进行萃取。其中,"1个里程碑"是指个人本年度最成功的事件,"3个亮点"是指个人这一年中比较重要的工作成就。

除了工作领域,个人的其他领域也可以像这样盘点出3~5个成就,然后萃取出经验,作为个人年度大事件。之后,你可以选择微信公众号等媒体渠道传播自己的个人经验,为更多人提供有效的借鉴和参考。

**错误教训可以萃取**

取得成绩、对标大咖、工作总结、年度盘点等都是正向经验的总结,是个人经验萃取技术的主要应用场景。当然,负向的失误、错误、挫折等也可以萃取出教训和正确的操作流程。

人们在凭经验做事时比较容易犯错,此时就要对重要的错误及时萃取经验,把错误的主要原因、正确操作、注意事项等经验教训萃取出来,对容易忽视的地方做重点强调,以后做同类事情时就能提醒自己。每个人都需要一个错题本,错误管理就是"错中学",会让个人记忆更牢,成长更快。

**想萃就萃随时萃取**

　　学会个人经验萃取技术，并掌握了快速萃取经验的方法后，你就可以随心所欲地萃取经验了。比如：当你的朋友买保健品被骗了，你可以通过查询网络资料，萃取外部经验，整理出一个防骗口诀；你知道一个朋友很会安慰别人，可以通过与他交谈来帮助其整理出安慰人的窍门；自己看书时发现一个问题，可以通过萃取外部经验找出问题的答案；听领导讲话时觉得其中的某个内容有意思，就可以借势整理出一套操作流程……

　　所以，除了自己的经验可以随时萃取外，你身边同事、朋友的经验也可以随时萃取。无论是看到或听到的事都可以随时萃取，只要你能先确定好一个主题或问题，之后应用个人经验萃取技术，就可以"万事皆可萃、万招皆可取、萃完出成果"，让身边的妙招不再埋没，让优秀的自己能够为大家所知。

　　个人经验萃取技术的特点是普适性、便利性和快捷性。普适性是指人的各个领域都可以萃取经验，应用范围广；便利性是指只需要自己萃取就可以了，不需要折腾别人；快捷性是指个人可以随时萃取经验，立刻产出成果。

## 第三节　个人经验萃取的流程

"个人经验萃取果然可以秀出优秀的自己。"崔小白忍不住感慨道,随即提出了自己的疑问,"可是,萃取的流程具体是怎样的呢?"他觉得,这可能跟之前听过的内容有所不同。

"个人经验萃取的流程是'六定'……"

"等等,个人经验萃取的流程不是您之前讲过的'成就事件—主要经验—操作步骤'吗?"崔小白感到很诧异,没想到困惑会来得这么快。

"你说到的是萃取技能中的一种方法,叫牛招法。个人经验萃取可以萃取不同类别的主题,萃取技能只是其中的一种方法,你之前听过的公开课或认证课对此都没有具体展开讲过,只是直接让大家体验了方法。"王萃取仔细解释道,"萃取技术经过多年的发展,已经逐渐形成八大技术,涉及多个相关方法和工具,这么多的内容不可能在几天里穷尽,否则学员就没时间练习了。"

"原来如此。"崔小白点头道,"还请您给我细讲一下个人经验萃取的流程吧。"

"好的，那我开始具体解说了……"王萃取开始了语音授课。

个人经验萃取的流程可以总结为"六定"：定领域、定主题、定属性、定经验、定成果、定传播。定领域是指选择确定萃取的范围；定主题是指确定值得萃取的主题；定属性是指对选定的主题是属于知识、态度还是技能等进行确认，以便选择萃取的方法；定经验是指经验转化的流程、口诀、工具的不同类型；定成果是指经验呈现为案例、微课、文章等不同的形式；定传播是指经验萃取之后的扩散渠道。

"六定"是一套完整的个人经验萃取流程，大家可以根据具体情况，在特定场合省略一些环节。比如在企业萃取培训现场，领域是指工作，主题是提前确定的，类型都是技能类的，传播是企业后续的动作，那么这4个环节就可以省略，只需要定经验和定成果即可。但如果是个人打算在家萃取自己的经验，那么6个流程就都要仔细思考一下了。

**定领域：确定当次萃取领域**

个人经验萃取可以让标杆、大咖学会怎么萃取自己的经验，一旦掌握了萃取方法，个人所有领域的经验都可以被萃取，正所谓"萃取学到位，万事皆可萃"。

个人在萃取时要确定自己想萃取哪个领域的主题经验。有一个理论很有意思，把人生分为五大空间：工作/事业、生活/休闲、家庭/情感、社会/公益、自我/发展。在这个理论的基础之上，因为一次只能萃取一个主题,所以你要先确定自己准备萃取哪个领域——根据个人的心情、需求、特长和受众需要进行确定。比如,你在工作中拥有了某项特长,那萃取的领域就是工作领域。

### 定主题:确定值得萃取主题

个人经验萃取的领域很多,但不是每个领域的主题都值得萃取,人们需要萃取亲身经历过的、成功的、典型的最佳实践。自己没有经历过的,就是间接经验;自己没有做成的,就是失败教训;主题不够典型突出的,就不能代表自己的价值。当然,从练习的角度看,初期选题可以只考虑自己最擅长的主题,重在学习和体会个人经验萃取的方法,等精通方法运用后,再考虑受众需要的问题。

对受众来说,主题一定要有新点、要点、痛点,否则萃取出来的经验很难吸引人。因为大家平常都很忙,一般来说,自己会的主题不会看、不重要的主题不会看、不是新的主题不会看,所以确定个人萃取主题时,要从传播、使用的角度进行选择。

### 定属性:确定知识态度技能

主题确定之后,你还不能立即萃取经验,还需要确定主题的属性:是属于知识类、态度类还是技能类。不同类别主题的萃取方法是不同的,属性确定准了,萃取的方法才能到位,才可以快速萃取出经验。

侧重"怎么做"的一般属于技能类,比如技能怎么萃取、标题如何拟定、如何介绍自我、如何建立信任等。

侧重"是什么"的往往属于知识类,比如萃取技术是什么、萃取模型是什么、什么是萃取选择矩阵等。

侧重"为什么"的往往属于态度类，比如为什么要细心、认真怎么体现、为什么让客户满意特别重要等。

**定经验：确定经验萃取完成**

确定主题的属性之后，你就可以选择相应的萃取方法了。比如，主题属性属于态度类的，就按照萃取态度的方法进行萃取；主题属性属于技能类的，就选择萃取技能的方法进行萃取。

从萃取的难易程度来看，萃取技能、萃取场景对人们来说相对容易，其次是萃取问题、萃取错误，最难的是萃取态度、萃取知识。本书萃取方法的呈现顺序是按照由易到难展开的，但无论你选择哪种方法，怎么将不同类型的经验萃取出来都是最核心的内容。

**定成果：确定成果呈现形式**

经验"从无到有"地萃取出来后，人们需要把它转化为某种呈现方式，并作为最终成果呈现，具体的呈现方式有文章类、案例类、课程类、音频类、图片类和视频类等。经验萃取出来之后，人们可以选择采用任何呈现方式进行沉淀，但从实操角度看，我的建议是根据经验的多少、受众的喜好、个人的特长等条件，确定一种或几种合适的呈现方式为好。

另外，同一类的经验可以选择同一种呈现方式，作为一个系列，这样会让受众得到比较系统的学习，并建立统一的认知。比如，王萃取根据自己萃取的经验，选择把萃取百问用微信文章的形式呈现，萃取技术普及课用音频的形式呈现，萃取技术的理论知识用文章的形式呈现，三种萃取方式采用录屏的形式呈现，萃取技术的理论模型采用图书的形式呈现，等等。

## 定传播：确定传播扩散途径

传播是指萃取的经验转化为成果后，人们选择在哪些渠道、媒介进行投放，以使更多人了解和学习这些经验。根据我的经验，人们可以选择在微信注册公众号，或者在新浪微博、知乎等网络平台上进行传播；或者可以在线下的聚会、论坛、培训、沙龙等场合进行分享；还可以在业内杂志、报纸等纸质媒体上写文章进行推广。

比如，王萃取的萃取百问通过对一个问题的简短（一般为100～200字）解读，在朋友圈和微信群进行传播；萃取普及课采用音频的呈现方式，在荔枝微课上进行传播；萃取技术认证课则采用在网易云课堂进行线上视频传播。

第二章

# 萃取技能

对比其他经验来说，技能类的经验是比较容易萃取的，因为技能比较容易量化和标准化，有固定的流程，所以衡量的标准也比较容易具体化。因此，技能类经验是企业里萃取经验的主流，其个人经验萃取的方法包括头尾法、全程法、漏斗法、牛招法、要步法、归纳法等，每种方法都是独立有效的，一般一次用一种方法即可。

## 第一节　头尾法

"小白，接下来咱们要开始逐项练习萃取技能了，争取在体验中学会个人经验萃取。"王萃取给崔小白安排的教学内容，一般是每月月初确定本月教学重点，如果他对上一个教学内容没有理解，就顺延到这个月继续学习，总之要把一个环节掌握后再进行下一步。

"好的，老师，先萃取什么呢？需要完全按照个人经验萃取的流程进行吗？"崔小白有点疑惑。

"不是的，个人经验萃取流程属于大流程，是个人在熟悉了不同的萃取方法之后才开始用的，你当下最主要的任务是学会萃取不同类别主题的经验，就是定经验，这是核心。学会了这一步，其他的环节才能综合使用。"王萃取解释道，直接学干货才能加快弟子的成长。

"这个月咱们主要学习怎么萃取技能，这是最常见的萃取主题,也是最容易学会的,咱们一周学一招。你每次萃取一个技能,然后把练习成果通过微信发给我,用语音讲给我听。我会给你具体的建议。"

"好的,老师。那我们先学哪一招呢?"

"头尾法,用这个方法萃取技能特别快,我在给企业做培训时经常用到。你现在拿出纸笔,准备'初练'起来了……"

头尾法是指先确定萃取技能场景的起点步骤和终点步骤,然后补充中间的步骤,从而梳理出技能操作的整个流程。头尾法是萃取技能、萃取流程里非常简单有效的一种方法。

## 起点步骤

起点步骤是分析萃取场景的第一步,这里说的第一步是指事情本身的操作起始点,而不是人们自身的准备、预备。除非某些预备环节影响到执行效果了,才可以把相关步骤加进来。

比如,某个人在考虑自己做红烧排骨的起点步骤时,就不能将买排骨作为第一步,而应该假设排骨、配料、调料等条件都是已经具备的,这时再考虑第一步是什么。如果不这样做,涉及的步骤会太多,让你分不清主次。如果你把买排骨也考虑进来,进而就会想到买排骨需要钱,赚钱需要找工作,找工作需要上学,上学需要选专业……这就会使你陷入"无限准备"的怪圈了。

> **案 例**
>
> **如何处理老年客户办理业务时记错时间**
>
> 【起点步骤】将老年客户迅速隔离到单间。

## 终点步骤

终点步骤是指工作场景的最后一步，不能太靠后，也不要把无关的步骤加进来，而应该根据事情本身结束的情况来确定。所以，确定终点步骤时，一定要确认它是否与后续的关联动作无关，且不涉及结果评价、成果应用、个人收益。

比如，某个人做红烧排骨的最后一步应该是装盘，而由谁端上餐桌、邀请谁一起吃、吃完谁洗碗等内容就属于后续的无关动作了。

> **案 例**
>
> **如何处理老年客户办理业务记错时间**
>
> 【终点步骤】联系老年客户的家人。

## 中间步骤

中间步骤即补充场景起点与终点之间的步骤，其中一个步骤代表一层核心意义，比如"数据信息的收集和整理"，就要拆分为"数据信息的收集"和"数据信息的整理"两个步骤。从起点步骤开始，按照行为动作的先后逐个分解步骤，因为后续会有步骤过滤，所以这时不用考虑步骤的数量。另外，步骤不要有级别、维度的差距，以香蕉、苹果、蔬菜为例，蔬菜的维度就比其他两种高，把具体的蔬菜名称罗列出来，与其他两种水果的维度就基本一致了。

> **案 例**

## 如何做红烧排骨

【起点步骤】清洗去除血水。

开水焯 3 分钟。

凉水冲洗后控干。

炒锅烧热放油。

冰糖加热炒化。

冰糖起泡后把排骨入锅,翻炒均匀。

放入葱白、八角、香叶、姜片等调料。

加入开水,没过排骨即可。

再加入生抽、老抽。

大火烧开。

小火炖煮 30 分钟左右,中间打开搅拌 2 次。

剩余 1/3 汤汁时加白砂糖搅拌均匀。

再加入盐调味。

大火收汁。

【终点步骤】装盘,撒少许葱花装饰。


> **案 例**

## 如何处理老年客户办理业务记错时间

【起点步骤】迅速将老年客户隔离到单间。

倒水。

请坐。

安抚情绪。

批评冲突同事。

引导回忆。

查看存折。

寻找证据。

【终点步骤】联系老年客户的家人。

## 过滤步骤

一般来说，头尾之间的步骤需要完全梳理、罗列出来，这样操作就不会有漏项。但全流程的步骤很多，在推广和使用时会给大家带来记忆上的负担，所以一定要过滤一下，在能够解决问题的前提下把步骤控制在 4～10 步。当然，不管你要萃取什么主题，最后都需要把步骤从传播层面进行过滤，因此下文中提到的所有流程确定环节都需要有过滤这一环节。

步骤的过滤就是要去掉预备性步骤，合并细节性步骤，去掉关联性步骤。为了把事情做好，个人的能力、心理等准备工作需要去掉，对于事情的必要性准备虽然可以保留，但最多保留一步。如果需要准备的事项过多，就可以把它单独作为一个场景进行萃取。多个相似的细节性步骤可以合并概述，一般步骤内容只体现最关键的一层含义即可，合并的细节内容需要在流程的行为量化中体现。后续的关联性步骤需要全部去掉，若是一定要保留的，则可以作为独立场景再次进行经验萃取。

**案 例**

### 如何做红烧排骨

【起点步骤】清洗去除血水（预备性步骤，保留）。

开水焯 3 分钟。

凉水冲洗后控干（细节性步骤，与上一环节合并）。

炒锅烧热放油（细节性步骤，与下个环节合并）。

冰糖加热炒化（细节性步骤，与上个环节合并）。

冰糖起泡后把排骨入锅翻炒均匀。

放入葱白、八角、香叶、姜片等调料（细节性步骤，与下个环节合并）。

加入开水，没过排骨即可（细节性步骤，与上个环节合并）。

再加入生抽、老抽（细节性步骤，与上个环节合并）。

大火烧开（细节性步骤，与下个环节合并）。

小火炖煮 30 分钟左右，中间打开搅拌 2 次。

剩余 1/3 汤汁时加白砂糖搅拌均匀（细节性步骤，与下个环节合并）。

再加入盐调味。

大火收汁（细节性步骤，与下个环节合并）。

【终点步骤】装盘，撒少许葱花装饰。

## 案例

### 如何处理老年客户办理业务记错时间

【起点步骤】将老年客户迅速隔离到单间。

倒水（细节性步骤，与下个环节合并）。

请坐（细节性步骤，与下个环节合并）。

安抚情绪（细节性步骤，与上个环节合并）。

批评冲突同事（关联性步骤，去掉）。

引导回忆。

查看存折（细节性步骤，与下个环节合并）。

寻找证据。

【终点步骤】联系老年客户家人。

进行完步骤过滤之后，你需要对确定后的步骤再次梳理、命名、排序，这是场景萃取的最后一步。

> **案 例**

### 如何做红烧排骨

【起点步骤】清洗去除血水。

开水焯3分钟后凉水冲洗控干。

放油加热，炒化冰糖。

冰糖起泡后把排骨入锅，翻炒均匀。

加开水没过排骨，放入葱白、八角、香叶、姜片等调料，加入生抽、老抽。

大火烧开后转小火炖煮30分钟左右，中间打开搅拌2次。

剩余1/3汤汁时加白砂糖搅拌均匀，放盐调味。

【终点步骤】大火收汁装盘，撒少许葱花装饰。

> **案 例**

### 如何处理老年客户办理业务记错时间

【起点步骤】将老年客户迅速隔离到单间。

安抚情绪（倒水，请坐）。

引导回忆。

寻找证据（查看存折）。

【终点步骤】联系老年客户家人。

由以上例子可知，步骤过滤是普适性的，无论是萃取技能还是萃取知识，在确定操作步骤之后都可以过滤，把步骤控制在4～10步。在后文中也会涉及步骤过滤的内容，我会直接应用案例，不再重述过滤流程的原理。

## 重点步骤

萃取主题的操作流程确定之后，就可以根据步骤的性质排列出它们对主题影响的重要程度，这步做好了对事情最终的成功非常有帮助，因此需要慎重选择一个步骤作为重点步骤。从受众记忆的角度来看，只要强调一个步骤就好，重点多了容易记不住。

重点步骤具有普适性，下文将要提到的经验转化为流程的方法，在最后环节可以确定出一个重点步骤，在后文我会直接应用，不再复述。

### 案 例

**如何处理老年客户办理业务记错时间**

1. 【起点步骤】将老年客户迅速隔离到单间。
2. 安抚情绪（重点）。
3. 引导回忆。
4. 寻找证据。
5. 【终点步骤】联系老年客户家人。

## 难点步骤

难点步骤是指从受众复制使用的角度看,哪个步骤是最难的、不好做到的。因为只能选择一个难点步骤,所以如果萃取主题较小或较常见,可能就没有难点了。而且,重点有时也是难点,两者是可以重合的,具体要根据萃取主题而定。

**案 例**

**如何处理老年客户办理业务记错时间**

1.【起点步骤】将老年客户迅速隔离到单间。

2. 安抚情绪(重点、难点)。

3. 引导回忆。

4. 寻找证据。

5.【终点步骤】联系老年客户家人。

和重点步骤一样,难点步骤也具有普适性,在经验转化为流程之后,可以确定出一个难点步骤,提醒受众在使用时对此多加注意。是否需要确定难点步骤,则需要根据实际需求而定,后文涉及相似内容时不再复述,直接使用。

## 第二节　全程法

"老师,您刚才介绍的头尾法感觉应该很好操作,只要一头一尾的步骤确认了,就好办了。"崔小白说道。

"是的,头尾法非常简单实用,特别适合一线操作类的学员使用。"王萃取很赞同崔小白的话,"当然,专业技能类的操作工作也可以直接使用这种方法。"

"对了,我记得您之前在公开课上介绍过一种针对整个流程的萃取方法,叫什么?"崔小白在做完笔记之后,突然想到之前好像在公开课上听到过另一种萃取方法。

"我在公开课上讲的是与头尾法很像的全程法,但这种方法只适合进行学员体验,因为人们很难一次完全学会,所以需要专业的辅导才能最终掌握。"王萃取深知如果在公开课上介绍的方法太简单,那么参加的学员就会觉得没意思,最终的效果也会大打折扣。所以,他在公开课上都会讲一些比较有难度的方法。当然,也不能介绍最难的方法,那样会让企业负责人觉得没有办法在内部进行推广。

"哦,对,就叫全程法。请您具体介绍一下这种方法吧,我再强化学习一下。"

"好的，后面的每种方法我都会展开具体的介绍，你只要跟上节奏，加强练习就好！"

"没问题，老师！"

全程法是把萃取场景的全部步骤按照时间顺序罗列出来，称为工作流，再根据步骤的过滤要素进行筛选去除，最后确定操作流程。这是一种"先齐全再精简"的萃取方法，适合理工类、追求严谨的学员，一些比较重要的、研发类的主题也很适合。

**全部步骤**

在分析萃取场景时，萃取师需要按照时间的先后顺序逐个罗列，力求穷尽所有步骤。其中，每个步骤只能表达一层核心内容，不排序、不分类，只考虑自身需要促进的所有工作动作。

案 例

**人际冲突中的情绪管理**

萃取如何处理冲突中自身情绪的流程，经过思考罗列如下：

大喊一下。

脾气不好要控制。

停下来。

深呼吸几次。

想想冲动的后果。

列出对方优点。

寻找他人说和。

理解对方难处。

做出行为选择。

离开冲突现场。

转移行为。

走出去。

做点别的。

道歉。

和好。

## 筛选去除

全部步骤盘点之后,要对其进行筛选,去除细节步骤、预备性步骤和关联性步骤,一般控制在4~10步。细节性的、不重要的步骤可以去掉或者合并;预备性的步骤一般可以去除,除非必须具备的步骤才能保留;与萃取主题后续有关或与过程间接相关的步骤也可以去除。

### 案 例

**人际冲突中的情绪管理**

大喊一下(预备性步骤,可以去除)。

脾气不好要控制(预备性步骤,可以去除)。

停下来(预备性步骤,特别重要,需要保留)。

深呼吸几次。

想想冲动的后果。

列出对方优点(关联性步骤,可以去除)。

理解对方难处。

做出行为选择。

离开冲突现场（细节性步骤，可以与下一步合并）。

转移行为。

走出去（细节性步骤，可以与上一步合并）。

做点别的（细节性步骤，可以与上一步合并）。

道歉（关联性步骤，可以去除）。

和好（关联性步骤，可以去除）。

**步骤确定**

经过筛选之后，对剩下的步骤进行排序，作为本阶段的确定步骤。以后根据实际情况，再增加或删减步骤即可。

**案 例**

### 人际冲突中的情绪管理

1. 停下来。
2. 深呼吸几次。
3. 想想冲动的后果。
4. 理解对方难处。
5. 做出行为选择。
6. 转移行为。

## 第三节　漏斗法

"小白,全程法你学会了吗?"王萃取在微信中询问崔小白。

"差不多了,不过我感觉先盘点出全部步骤还比较有难度。"

"其实,只要在盘点整个流程时不考虑其他任何因素,你萃取的速度就会变快。不要试图一步到位地罗列出全部步骤,先尽量列出来,再补充,慢慢就能列全了。"王萃取耐心地解释道。

"是啊,我之前练习时就想着最好能一次性全列出来,没有进行分阶段的思考,感觉特别累,而且有挫败感。"崔小白总结了自己这段时间的心得。

"经验萃取一定要分阶段进行,无论是萃取经验的步骤,还是呈现出的经验,都是分步骤学习和练习的。你还记得公开课上我提到过的'小步快跑'吗?"

"我想起来了。原来如此,只有在练习中才能体会到这句话的含义。"崔小白感慨道。理解与体会完全是两回事,萃取是必须在实战中学习的。

"咱们现在开始学习第三个萃取技能的方法——漏斗法，它与之后将要讲到的要步法的流程是相似的，但过滤更多，筛选更多。"

"洗耳恭听！请老师讲解。"

"好的。"

漏斗法是全程法的深度运用，通过多层过滤，萃取的经验更精准，但是过滤层次多、耗费时间长。这种方法适合特别重要、风险特别大的主题，参与的学员整体素质要更高、更有战斗力，否则身心俱疲、智慧枯竭的情况会导致无法顺利产出成果。

## 盘点步骤

按照时间顺序，对萃取主题的前、中、后各阶段进行步骤的拆分，一个步骤只聚焦一层含义，不分类、不排序、不修改。第一次要尽快列出，之后，等第二次、第三次时再进行完善，由此就可列出当下可以列出的所有步骤了。

### 案 例

**人际冲突中的情绪管理**

萃取如何处理冲突中自身情绪的流程，经过三次思考后，分别罗列了如下步骤：

大喊一下（第一次罗列）。

脾气不好要控制（第一次罗列）。

停下来（第二次罗列）。

深呼吸几次（第二次罗列）。

想想冲动的后果（第一次罗列）。

列出对方的一个优点（第一次罗列）。

寻找他人说和（第三次罗列）。

理解对方的一个难处（第二次罗列）。

找出自己的一个错误（第三次罗列）。

做出行为选择（第二次罗列）。

离开冲突现场（第二次罗列）。

转移行为（第一次罗列）。

走出去（第二次罗列）。

看一下过去冲动后果的照片（第三次罗列）。

## 五重过滤

尽可能多地盘点步骤之后，就要进行高频、重要、充分、熟练、独特等五重过滤。经过对这五个方面的逐层过滤，最后剩下的就是你最需要的步骤了。

**1. 高频：我经常采用的**

在全流程基础上进行高频过滤。如何在众多步骤中找出哪些是自己最常用，或能多次使用的步骤呢？有的事件从性质角度看，周期较长，发生的频率就会高一点，比如家里衣柜里的衣服很多，但你经常穿的就那几件，这就属于高频。找出类似的步骤，在其下面标注"高频"即可，且不限制标注的数量。

> **案 例**
>
> **人际冲突中的情绪管理**

萃取如何处理冲突中自身情绪的流程,思考哪个步骤的操作是可能在实际场景中多次发生的。

大喊一下(高频)。

脾气不好要控制。

停下来(高频)。

深呼吸几次(高频)。

想想冲动的后果(高频)。

列出对方的一个优点(高频)。

寻找他人说和。

理解对方的一个难处(高频)。

找出自己的一个错误(高频)。

做出行为选择(高频)。

离开冲突现场(高频)。

转移行为(高频)。

走出去(高频)。

看一下过去冲动后果的照片(高频)。

### 2. 重要:对事比较重要的

高频过滤之后,你需要对剩余步骤按重要性进行过滤。重要性是指对结果产生的影响比较大,有了这一步,结果就容易完成并取得效果。从不可或缺的角度考虑,可以选择出多个重要的步骤。比如准备给新房买家电时,必须买的空调、冰箱等就属于重要的电器,是"非此不可"的、必须存在的重要选项。步骤的标注,直接写"重要"即可，且不限制标注的数量。

> **案例**

**人际冲突中的情绪管理**

萃取如何处理冲突中自身情绪的流程，思考哪个步骤的操作是在实际场景中对自己来说十分重要的。

大喊一下（高频）。

停下来（高频、重要）。

深呼吸几次（高频、重要）。

想想冲动的后果（高频、重要）。

列出对方的一个优点（高频）。

理解对方的一个难处（高频、重要）。

找出自己的一个错误（高频、重要）。

做出行为选择（高频、重要）。

离开冲突现场（高频、重要）。

转移行为（高频、重要）。

走出去（高频、重要）。

看一下过去冲动后果的照片（高频、重要）。

### 3. 充分：我用得到位的

充分是指个人在经验使用时会用得特别到位，而且都会用尽，流程下的每个行为动作都会被执行，都会做到符合要求。在这样严格执行的情况下，你的萃取就会产生相对良好的效果。与此相反的是，有的步骤在使用时只是应付、走形式，甚至直接被放弃，即使岗位行为标准中有要求，但还是会因为动作做得不充分出现各种问题。对步骤的标注，直接写"充分"即可，不限制标注的数量。比如，有的客户经理在微信朋友圈会对所有客户发的消息进行评论，不遗漏一个，这就是充分、到位的一种体现。

> **案 例**
>
> **人际冲突中的情绪管理**
>
> 萃取如何处理冲突中自身情绪的流程，思考哪个步骤的操作是在实际场景中自己使用充分、到位的。
>
> 停下来（高频、重要、充分）。
>
> 深呼吸几次（高频、重要、充分）。
>
> 想想冲动的后果（高频、重要、充分）。
>
> 理解对方的一个难处（高频、重要）。
>
> 找出自己的一个错误（高频、重要、充分）。
>
> 做出行为选择（高频、重要、充分）。
>
> 离开冲突现场（高频、重要、充分）。
>
> 转移行为（高频、重要）。
>
> 走出去（高频、重要）。
>
> 看一下过去冲动后果的照片（高频、重要、充分）。

### 4. 擅长：我用得最好的

擅长是指个人在上述经验的使用过程中，自身运用特别熟练、特别好，可以做到手到擒来，就像生产线上的流水作业一样的步骤。当然，熟练应用也要取得相应的效果，并能够在多次实践中经受检验。比如，有的人会做很多菜，但往往只有几道菜做得特别好，这几道菜就是这个人擅长的部分。对步骤的标注，直接写"擅长"即可，不限制标注的数量。

> **案 例**

### 人际冲突中的情绪管理

萃取如何处理冲突中自身情绪的步骤,思考哪个流程的操作是自己使用十分擅长,很容易就能做好的。

停下来(高频、重要、充分、擅长)。

深呼吸几次(高频、重要、充分、擅长)。

想想冲动的后果(高频、重要、充分)。

找出自己的一个错误(高频、重要、充分、擅长)。

做出行为选择(高频、重要、充分、擅长)。

离开冲突现场(高频、重要、充分、擅长)。

看一下过去冲动后果的照片(高频、重要、充分、擅长)。

### 5. 独特:只有我会用的

独特是指自己会用,但别人很少用或不会用、想不到的方法。有的方法是以自己为标杆、改造原有流程得到的,有的方法是自己创造的、新加的,这些都是标杆独特性的体现。需要注意的是,独特是相对存在的,不可能通过调研得出。所以,只要是只有自己做,或只有自己做得好的,就算独特的。比如,有的人做蛋炒饭,会把鸡蛋直接打到锅里炒,而不是提前放在碗里搅拌后再下锅,这就是独特性行为。对步骤的标注,直接写"独特"即可,不限制标注的数量。

> **案 例**

### 人际冲突中的情绪管理

萃取如何处理冲突中自身情绪的流程，思考哪个步骤的操作是自己改造或创造出来的。

停下来（高频、重要、充分、擅长、独特）。思考一下自己最想要、最在意的画面，至少想三十秒。

深呼吸几次（高频、重要、充分、擅长、独特）。三次深呼吸，两次正常呼吸，三次深呼吸……

找出自己的一个错误（高频、重要、充分、擅长、独特）。如果平时就列出过自己的不足，很容易就能找到一个，而不是现场临时想自己的错误。

做出行为选择（高频、重要、充分、擅长、独特）。选择一个伤害性小的行为，而且是自己经常做的行为。

离开冲突现场（高频、重要、充分、擅长、独特）。想清楚了就立刻离开冲突现场，去做自己喜欢的事情。

看一下过去冲动后果的照片（高频、重要、充分、擅长、独特）。收集平时自己摔东西的照片，粘贴在家里某个经常能看到的地方。

## 有效评估

经过层层过滤之后，留下来的步骤一般在 4～10 步，把这些步骤按照时间的操作顺序排序，形成最后的操作流程。

> **案 例**
>
> ### 人际冲突中的情绪管理
>
> 萃取如何处理冲突中自身情绪流程,经过五重过滤之后,把剩下的步骤进行排序。
>
> 1. 停下来(高频、重要、充分、熟练、独特)。
> 2. 深呼吸几次(高频、重要、充分、熟练、独特)。
> 3. 看一下过去冲动后果的照片(高频、重要、充分、熟练、独特)。
> 4. 找出自己的一个错误(高频、重要、充分、熟练、独特)。
> 5. 做出行为选择(高频、重要、充分、熟练、独特)。
> 6. 离开冲突现场(高频、重要、充分、熟练、独特)。

注意,你留下来的所有步骤都要对解决问题有效,这才是萃取技能经验的初心。所以,你有必要在最后对步骤进行有效性评估,发现效能低的步骤时一定要去掉。步骤的标注,直接写"有效"即可。

> **案 例**
>
> ### 人际冲突中的情绪管理
>
> 萃取如何处理冲突中自身情绪的流程,评估是否有效之后的结果如下:
>
> 1. 停下来(高频、重要、充分、熟练、独特、有效)。
> 2. 深呼吸几次(高频、重要、充分、熟练、独特、有效)。
> 3. 看一下过去冲动后果的照片(高频、重要、充分、熟练、独特、有效)。
> 4. 找出自己的一个错误(高频、重要、充分、熟练、独特、

有效)。

    5. 做出行为选择（高频、重要、充分、熟练、独特、有效）。

    6. 离开冲突现场（高频、重要、充分、熟练、独特、有效）。

## 第四节　牛招法

"老师，您介绍的这几种方法我感觉都很相似啊。"崔小白练习过漏斗法之后，说出了自己的疑问。

"是的，这3种方法独立学习时，大部分学员都能学会，但放在一起学习时就有点难以区分。"王萃取非常理解崔小白为何会产生这种疑问，"虽然它们都是基于流程的方法，但其实是有很大区别的。"

"老师，麻烦您再给我详细解释解释吧。"

"好。头尾法，是确定萃取主题的起始步骤，然后找中间步骤，可以用'确定头尾拆中间'来理解；全程法，是罗列全部步骤之后再进行筛选，可以用'确定全程做筛选'来理解；漏斗法，是全程法的深度应用，中间多了几层过滤环节，可以用'确定全程五层选'来理解。"

"您总结得太准确了，这几种方法一下子就好区分了。"崔小白恍然大悟。

"是的，这3种是基于流程的萃取方法。下面我就讲基于事件进行萃取的3种方法了，首先是牛招法。"

"牛招是什么样的招？"

"牛招是相对于标招来说的，标招是指常用的、有统一规范的、企业推广过的方法，牛招是指新颖的、独特的、首创的、改造的、便捷的、好用的、有效果的方法。牛招可以大幅提高效率，提升质量，一招起效，招招有效。"

"我感觉牛招都很厉害啊，具体要怎么用牛招法呢？"

"这就是咱们这期的教学内容了……"

牛招法是指从个案中确定对事情成功影响最大的一个因素，并把它作为牛招的方法。基于牛招梳理共性主题的流程，如果仅仅依靠牛招就可以应对，并做好共性主题，就可以把牛招直接拆分为一整套流程。否则，就要把牛招作为一个步骤，回到主题把其他相关的步骤也列出来。因此，可以用"个案一招，两种情况，共性流程"来理解牛招法。

**成功个案**

"牛招要从成功个案中萃取，成功个案一定会产生牛招。"所以，人们需要基于主题寻找出一个具体的案例——创纪录的、取得突破业绩的、让客户满意的事情，对于主题萃取者来说，成功个案需要是真实经历过的、有代表性的、有效果的，是萃取者的直接经验。

因为这件事是萃取者亲身经历过的，为了提高萃取经验的效率，此时的盘点就可以用简写，只列出关键词即可。关键词需要把事件的时间、地点、人物、经过、结果覆盖，一般10个左右就可以了。当然，如果你有时间、有兴趣，也可以把它详细写出来，这对于你的萃取技术的提高会大有帮助。

## 第二章 萃取技能

> **案 例**

**人际冲突中的情绪管理**

【主题】人际冲突中的情绪管理（共性）。

你需要思考一下，这个主题你是否有成功的个案，如果有，就挑选出来，并给它命名，以做区分。

【事件】一次夫妻吵架中的克制（个性）。

【描述】2017年5月，家里，夫妻，天津户口，意见不同，吵架，冲突，停止，反思，转移，情绪处理。

## 个案牛招

分析个案中对你来说最重要的步骤，不需要列出全部步骤，甚至只是主观判断就可以。你最后选出的这个步骤，就是牛招。当出现几个候选步骤时，可以采用两两比较的方法，哪个更重要哪个就胜出，然后再进行两两比较，直到剩下最后一个步骤，这一个步骤就是属于你的牛招。

为什么牛招只能选择一个呢？难道在实际的工作执行时不可以同时有两个、三个牛招吗？其实，实际执行中确实会存在几个都是牛招的现象，但从传播角度、受众记忆角度来说，我建议只列出一个最好。在经验传播时如果只强调这一点，受众就容易记住，强调多个牛招，反而不容易记住。比如，问你世界第一高峰叫什么？你马上会回答是珠穆朗玛峰。那么，世界第二高峰呢？大多数人就不知道了，这就是经验传播时"只知其一，不知其二"的领先效应在起作用。

从多个牛招中只选一个牛招出来，其他的牛招就浪费了吗？其实并没有，后期在操作步骤中会将这些牛招都包括进去，只是在这一环节只选一招而已。

> **案 例**
>
> **人际冲突中的情绪管理**
>
> 【主题】人际冲突中的情绪管理（共性）。
>
> 【事件】一次夫妻吵架中的克制（个性）。
>
> 【描述】2017年5月，家里，夫妻，天津户口，意见不同，吵架，冲突，停止，反思，转移，情绪处理。
>
> 【牛招】
>
> 能够暂停一分钟（选定牛招）。
>
> 看一下自己过去冲动产生后果的照片（候选牛招）。
>
> 转移自己的行为（候选牛招）。

## 评估牛招

如果仅靠个案的牛招就可以做好主题，那么直接把牛招拆分为若干步骤即可。但是，绝大多数事情仅仅依靠牛招是不行的，要把牛招作为主题的操作步骤之一，且不限制在第几步。在上一环节中候选的牛招，也可以转为步骤。要注意的是，个案中的牛招在这一步要转化为共性的牛招，就是用共性语言进行描述。比如，个案中是取得财务张总的支持，转化为共性语言就是取得财务总经理的支持。

> **案 例**
>
> **人际冲突中的情绪管理**
>
> 【主题】人际冲突中的情绪管理（共性）。
>
> 【事件】一次夫妻吵架中的克制（个性）。
>
> 【描述】2017年5月，家里，夫妻，天津户口，意见不同，吵架，冲突，停止，反思，转移，情绪处理。

【牛招】能够暂停一分钟（转化为共性语言：能够暂停下来）。

【评估】仅靠牛招不能解决共性的主题事件，牛招需作为主题的步骤之一。

在某些情况下，仅仅依靠牛招是能做好主题事情的，或许是因为要求较低，或许是因为主题的范畴较小，或许是因为当前情况只需要强调牛招。比如，团队中上下级沟通的牛招是赞美，在小部门中赞美是最欠缺的内容，所以有了赞美，沟通就真的能实现了。此时的牛招就是可以达成主题的，直接把牛招当作全流程就可以使用了。

那么就可以将赞美拆分为：第一，赞美要即时；第二，赞美要有据；第三，赞美要真诚。

**拆分流程**

无论牛招能否"一招有效"，人们都要基于萃取主题进行流程的拆分，经验只有变为流程才能为受众所学习，才算是完成经验的显性化。

主题里的流程拆分，按照时间的前、中、后的顺序进行，人们需要聚焦主题中的重要步骤，忽略关联性步骤，最多保留一个预备性步骤，合并细节性步骤，达到一个步骤一层核心意思的效果。整体步骤控制在 4～10 步，可以在拆分时直接进行过滤，也可以先拆分再过滤，根据学员的接受程度具体安排即可。

案 例

**人际冲突中的情绪管理**

【主题】人际冲突中的情绪管理（共性）。

【事件】一次夫妻吵架中的克制（个性）。

【描述】2017年5月，家里，夫妻，天津户口，意见不同，吵架，冲突，停止，反思，转移，情绪处理。

【牛招】能够暂停一分钟（转化为共性语言：能够暂停下来）。

【评估】仅靠牛招不能解决共性的主题事件，牛招需作为主题的步骤之一。

【流程】

1. 暂时停下来。

2. 深呼吸3次。

3. 看一下过去冲动产生后果的照片。

4. 找出自己的一个错误。

5. 做出行为选择。

6. 离开冲突现场。

## 第五节　要步法

"接下来，咱们继续学习萃取个案的方法——要步法。"王萃取继续辅导崔小白学习下面的内容，希望他能在3个月内出师，学会萃取技术，"要步法与牛招法最为相似。有的学员会纠结牛招为什么只能有一个，而且很难分清到底哪个是牛招，这种情况下，要步法就可以派上用场了。"

"为什么呢？"

"简单来说，要步法就是萃取个案中的多个牛招，算是牛招法的延伸应用。"

"老师您这么一说，我觉得我萃取公司年会的主题时，用要步法好像更合适。用牛招法时我一直在纠结，不能下定决心确定用哪一个牛招，感觉对我来说都算牛招……"

"这是正常现象，如果主题范畴大一些、主题的影响因素多一些、主题的时间跨度长一些，就会涉及多个牛招，这时用要步法会比用牛招法简单一些。来，咱们接下来具体演练一下。"

"好的，老师。"

要步法是指分析个案中的多个关键步骤,然后按照共性主题进行步骤的语言处理——去个性化,再补充这些关键步骤之间的连接步骤,这样就串成了整体流程。要步法可以用"个案多招,串成流程"来理解。

## 成功个案

先确定一个萃取主题下的成功个案,然后用 10 个左右的关键词概括过程,这一步与牛招法中个案牛事的要求是一样的。因为下面的环节是萃取多个关键步骤,所以,在这一步也可以用 1~2 段文字进行深入描述。

> 案 例
>
> **人际冲突中的情绪管理**

【主题】人际冲突中的情绪管理(共性)。

先思考一下这个主题中自己是否有成功的个案,然后给这件事命名,以做区分。

【事件】一次夫妻吵架中的克制(个性)。

【描述】2017 年 5 月,家里,夫妻,天津户口,意见不同,吵架,冲突,停止,反思,转移,情绪处理。

## 重要步骤

分析个案的成功要素,按照事前、事中、事后的顺序进行萃取,将个案中影响因素最大的步骤列出来。这里不用考虑顺序问题,因为不是穷尽个案的操作步骤,而是只罗列出重要的步骤,所以不用聚焦于流程的完整性。

重要步骤的数量是事前1个、事中1~4个、事后1个,是自然生成的数量,不是强制达成的数量,除了事中因素必须具备1个以上、4个以下之外,事前和事后的因素数量也可以为零。

重要是一个相对概念,因此需要人们在心中权衡、比较来定,首先思考自己当下想到的几个因素(不需要穷尽),之后通过多个比较或两两比较,最终确定最重要的步骤就可以了。需要注意的是,重要步骤的描述只能表达一层核心意思,不能包括两个以上的内容,内容过多容易造成步骤的范畴变大,也不好确定哪个部分是核心内容。

### 案 例

#### 人际冲突中的情绪管理

【主题】人际冲突中的情绪管理(共性)。

自己脾气不好要克制(事前)。

1. 暂时停顿一分钟;2. 看一下自己过去冲动的照片(事中)。

离开冲突现场(事后)。

## 串联步骤

重要步骤属于成功个案里的内容,因此可能会有个性化语言存在,需要先转化为共性语言。

### 案 例

#### 人际冲突中的情绪管理

【主题】人际冲突中的情绪管理(共性)。

有克制脾气的想法(事前)。

暂时停顿下来(事中)。

看一下过去冲动产生后果的照片（事中）。

离开冲突现场（事后）。

把重要步骤之间欠缺的步骤补全，就是萃取主题的共性步骤。要注意的是，两个重要步骤之间的补充步骤，一个步骤包含一层核心意思，用动宾词语或短句进行描述。根据具体需要，第一个重要步骤可以往前补充，最后一个重要步骤可以往后补充。因为后续有步骤过滤环节，所以在补齐步骤时不需要考虑步骤的数量问题。

### 案例

#### 人际冲突中的情绪管理

【主题】人际冲突中的情绪管理（共性）。

大喊一下。

有克制脾气的想法（事前）。

深呼吸几次。

暂时停顿下来（事中）。

找出自己的一个错误。

看一下过去冲动产生后果的照片（事中）。

列出对方的一个优点。

理解对方的一个难处。

做出行为选择。

离开冲突现场（事后）。

转移行为。

同样，为了便于受众使用和传播经验，要对串联形成的流程进行过滤，去掉预备性步骤，合并细节性步骤，去掉关联性步骤，把步骤控制在 4～10 步。

> **案 例**

### 人际冲突中的情绪管理

【主题】人际冲突中的情绪管理（共性）。

大喊一下（预备性步骤，去掉）。

有克制脾气的想法（预备性步骤，去掉）。

1. 深呼吸几次。

2. 暂时停顿下来。

3. 找出自己的一个错误。

4. 看一下过去冲动产生后果的照片。

列出对方的一个优点（细节性步骤，去掉）。

理解对方的一个难处（细节性步骤，去掉）。

5. 做出行为选择。

6. 离开冲突现场。

转移行为（关联性步骤，去掉）。

## 第六节　归纳法

"咱们最后来学习归纳法。"王萃取开始教给崔小白萃取技能的最后一种方法,"在学之前,让我们先回顾一下之前学到的方法,牛招法、要步法都属于不完全归纳法,通过对一件成功个案萃取经验,然后推广到共性的主题。这两种操作方法简单实用,在企业内训课里使用的效果很好。"

"我记得您说过,简单有效的方法才能推广,才能人人使用人人夸。"崔小白想起了王萃取对萃取方法、工具的解读:简单无效的没人用,复杂有效的边用边骂,复杂无效的想起来就骂。

"是这样的,我们下面学的归纳法,可以算是复杂有用的萃取方法,但不适合多用。因为这种方法严谨且耗时,而且在实际操作中与牛招法、要步法产出的实际流程相差无几,所以只在一些特定场景下使用。"王萃取耐心解释道。

"好的,老师,我想赶紧体验一下这种复杂有用的方法。"

"那咱们操练起来吧,就练习牛招法、要步法的主题就行。"王萃取提示道。

"好的,老师。"

归纳法适合萃取研发技术类主题，或是特别重要的、风险特别大的主题，学员大多是以严谨著称的理工类研发工作的工程师等。归纳法即分析主题里3件以上的成功案例，萃取出重要步骤，然后探寻共性步骤，归纳合并相同步骤，最后排序形成共性的操作流程。这种方法可以用"多案共招，共性流程"来理解。

归纳法可以理解为头尾法、全程法、漏斗法、牛招法、要步法的复合运用，一般是3次复用。因此归纳法是其他方法的综合形式，会耗费较长的时间。

**多个案例**

归纳的前提是有足够的事件作为基础，所以在梳理环节，至少要盘点出3件成功案例。每件事可以用10个左右的关键词进行描述，自己的事情无须写太多字，要把精力放到后面的环节，待需要案例导入时再选择把个案详细写出来。

案 例

**人际冲突中的情绪管理**

【主题】人际冲突中的情绪管理（共性）。

首先你要思考一下这个主题中自己是否有成功的个案，之后给这件事命名，以做区分。

成功案例1：一次夫妻吵架中的克制（个性）。

【描述】2017年5月，家里，夫妻，天津户口，意见不同，吵架，冲突，停止，反思，转移，情绪处理。

成功案例2：一次与同学争执中的克制（个性）。

【描述】2017年7月，家里，我，同学李，天津房价，降低，升高，争论，人身攻击，生气，换位思考，转移话题，平静。

成功案例3：一次与哥哥争执中的克制（个性）。

【描述】2017年10月，电话，哥哥，工作机会，过去表现，争吵，停止，反思，给其空间，平静。

## 拆分流程

成功案例中的步骤可以采用头尾法、全程法、漏斗法、牛招法、要步法中的任何一种方法来罗列，只要把事件的操作流程列出来就可以了。人们一般会采用相对简单的头尾法，这样会提高萃取效率。不同事件的流程可以相同或相似，不排除，不合并，不用处理个性语言，将其步骤逐个罗列出来即可。

### 案例

**人际冲突中的情绪管理**

【主题】人际冲突中的情绪管理（共性）。

成功案例1：一次夫妻吵架中的克制（个性）。

有克制脾气的想法（起点步骤）。

深呼吸几次。

暂时停顿下来。

找出自己的一个错误。

看一下过去冲动产生后果的照片。

列出对方的一个优点。

理解对方的一个难处。

做出行为选择。

离开冲突现场。

转移行为(终点步骤)。

成功案例2:一次与同学争执中的克制(个性)。
有克制脾气的想法(起点步骤)。
暂时让自己停下来,没有继续争吵。
深呼吸几次。
回想一下交流的初心。
找出自己的一个错误。
想象一下曾经与同学良好沟通的情景。
列出对方的一个优点。
做出行为选择。
控制了情绪继续交流(终点步骤)。

成功案例3:一次与哥哥争执中的克制(个性)。
有克制脾气的想法(起点步骤)。
暂时让自己停下来,没有言语针锋相对。
深呼吸几次。
回想一下打电话的目的。
找出自己的一个错误。
理解哥哥当时的处境。
列出一个哥哥曾经对自己好的行为。
回想之前冲突导致不好后果的情形。
做出了柔和的行为选择。
转移沟通话题。
控制了脾气,没有发作(终点步骤)。

**总结共性**

首先,把这几件事的流程做个梳理,各流程中相同或相似的意思归为一个步骤;然后,把相同的步骤抽离出来,重复的次数可以用数字或"正""五"等进行统计;最后,转换为共性语言。步骤不限制数量,在整理汇总时可以根据原有步骤的启发,补充新的步骤。

**案 例**

### 人际冲突中的情绪管理

【主题】人际冲突中的情绪管理(共性)。

有克制脾气的想法(3次)。

深呼吸几次(3次)。

暂时停顿下来(3次)。

回想一下交流的初心(2次)。

找出自己的一个错误(3次)。

看一下过去冲动产生后果的照片/回想冲动情形(2次)。

列出对方的一个优点(2次)。

理解对方的一个难处(2次)。

做出行为选择(3次)。

转移行为(2次)。

共性步骤梳理完之后,可以转化为共性语言,然后进行步骤的过滤,整体控制在4~10步,一般5~7步会比较好用。最后,再从操作角度进行排序,一般是按照时间的先后进行排序。这样,就产生了最后的共性流程。

> **案　例**

### 人际冲突中的情绪管理

【主题】人际冲突中的情绪管理（共性）。

有克制脾气的想法（预备性步骤，去掉）。

1. 深呼吸几次。

2. 暂时停顿下来。

3. 回想一下交流的初心。

4. 找出自己的一个错误。

5. 回想冲动后果（看一下过去冲动产生后果的照片/回想冲动情形）。

列出对方的一个优点（细节性步骤，去掉）。

理解对方的一个难处（细节性步骤，去掉）。

6. 做出行为选择。

转移行为（关联性步骤，去掉）。

第三章

## 萃取场景

经验在传播和推广时，基于场景是最好用的方法。把方法、流程、工具、口诀等融入实际的工作场景中，受众在使用时可以直接迁移，无须转化和优化便可直接内化，场景是自己身边发生的工作事件，是受众最熟悉的内容。场景可以分为工作场景、管理场景、业务场景等三类，三类场景的萃取方法是一样的。

## 第一节　场景再现

"小白，学完了萃取技能，咱们接下来就要学习萃取场景了。"过了一个周末，王萃取在微信中说道。

"好的，首先谢谢老师，萃取技能的六招特别管用，我自己用起来效果特别好，您总结的这些方法真的要多多推广！"崔小白对王萃取由衷地表示感谢，看来自己之前在公开课、认证课中学到的确实只是皮毛。

"别客气，这些方法都是我在多次实践中总结出来的精华内容，萃取技能确实是企业比较常见、常用的方法，而且效果都很不错。"王萃取谦虚地解释着，"与萃取技能可以相提并论的就是萃取场景了，这也是十分常见的方法。"

"那么，萃取场景与萃取技能的区别是什么呢？"

"场景可能会包括若干个技能，每个技能都可以单独萃取。"王萃取解释两者的区别，"因为场景本身也需要萃取出操作经验，所以咱们就来专门学习怎样萃取场景。"

基于主题萃取出来的经验因为颗粒度较大,需要将主题拆分为场景进行萃取,同时,基于关键任务完成、问题解决、绩效改进等层面的萃取,最后都要落脚到场景中。

不管在哪里工作都会遇到的如配合工作、接受工作等属于工作场景;不管在哪里当干部都会遇到的如赞美下属、批评下属等属于管理场景;基于岗位工作事件的属于业务场景,比如销售场景、研发场景、服务场景等。

基于场景萃取经验的前提是重现场景,虽然场景是把身边发生的工作事件作为标杆,但并不是每个人都能清楚、全面地了解场景,所以需要先再现场景,清晰界定场景的描述、简称、背景、常见冲突、行为、选择、结果、疑问等要素,为下一步萃取经验做好铺垫。

**场景描述**

场景描述是指把场景做什么(行为)、需要借助什么(工具)、一定要达到什么(结果)说清楚,这样才能避免出现大家理解不一样的状况。场景一般用50个字左右描述即可,相当于岗位说明书里的"职位描述",都是简单明了地介绍场景的内涵。比如给中国银行客户经理萃取的经验,就是以场景为单位的。

**案 例**

**利用我行大额存单优势进行营销**

【场景描述】

了解我行大额存单和其他银行大额存单的差异,对比优缺点,宣传我行新推行的按月付息的大额存单,了解客户需求,为其提供合理化建议。

## 场景简称

场景简称是为了日后方便传播，对场景进行的概括性描述，一般在四个字之内。比如房地产中介公司常用到的"带看""踩盘"等，就可以理解为是行业"术语"、企业"黑话"。

简称可以是两个字、三个字，或者四个字，如"请示""做调研"等，四个字的简称多带上"工作"两个字，使场景更像工作的事件，如"请示工作""汇报工作"等，当然"工作"二字不是必须的，也可以直接描述事情本身，比如"请示领导""汇报业务"等。

### 案 例

**利用我行大额存单优势进行营销**

【场景简称】大额存单。

## 场景背景

场景背景是指场景发生的条件、频率、时间、地点、人物等，如场景在外在行业、政策、科技、企业转型、新品研发等背景下产生了什么变化，目标使用人群的变化对场景的冲击，等等。场景背景一般用 100～200 字交代清楚就可以了，不用过多描述。

### 案 例

**利用我行大额存单优势进行营销**

【场景背景】

大额存单推向市场以后，凭借其高收益、易流通、够安全的产品特性，逐渐成为市场上保守型和风险偏好较低客户眼中的"香饽饽"。对于银行员工来说，大额存单也成为我们从市场争抢存款的一种有利工具。在这个过程中,怎样把适合的产品推荐给适合的客户,是非常值得我们深思的问题。

## 场景冲突

场景下一般会发生的不顺利、矛盾、问题、错误、挫折等统称为冲突,它们往往是从业者在工作中遇到的挑战和难点。人们可以把场景中受众发起的常见的、重要的挑战作为冲突,也可以把从业者在场景中犯的错误和痛点作为冲突。冲突不求穷尽,但要有代表性、重要性,简单地说,就是列出几个在场景中常犯的错误。

要注意的是,场景的呈现方式为 1～2 页 A4 纸的短案例时,一个冲突就可以了;3～5 页的中案例,2～3 个冲突就可以了;5 页以上的长案例,可以有多个冲突,根据自己的需要选择 5～10 个典型冲突。

**案 例**

### 利用我行大额存单优势进行营销

【场景冲突】

2016 年 6 月的一天,潜力财富客户陈姐在我行柜台办理定期支取时,情绪不好,嘴里还念念有词,大致在说××银行骗人之类的。我倒了杯温水递上前去,和她攀谈:"陈姐,在取款呀,又要去进货了吗?"她回复我说:"唉,别说了,郁闷死了,这笔钱马上都要到期了,现在提前取出来,利率都亏了。"

经过一番交谈,我得知陈姐在他行办理存款时,表明了中途可能随时会用的想法后,仍被销售了固定期限的理财产品,现在急需支付货款,但钱取不出来,只能到我行提前支取定期存款来解决。

**场景行为**

有了冲突就会有应对的行为、行动，当事人就要想点什么、做点什么。一般是一个冲突对应至少一段行为描述，较大、较重要的冲突就要对应 2～4 段行为描述。比如，当事人在思考领导开会时曾强调过的话、去找领导或同事帮忙、查看手机备注等。

为了增加冲突的戏剧性，往往会采用同一冲突、多人不同行为的应对描述方式，这样可以看出运用不同处理方法的人的工作能力，新手常犯的错误由此得以体现，高手的应对行为也能得到体现。

案 例

### 利用我行大额存单优势进行营销

【场景行为】

根据我对客户持有产品的判断，客户属于保守型，通过对话了解，该客户对保险、基金、理财等产品有较强的排斥感。

案 例

### 客户经理对产品的了解

【场景行为】

理财经理马上意识到客户想做对比，一旦客户走出网点，就很有可能不再回来了。此时，理财经理微笑着说："老先生，我知道您想要和其他银行做对比，没事，您可以去好好了解一下，但是附近银行有点多，您要是都想了解，一早上的时间是不够的。而理财的钱是按天收益的，早买早受益！我们经常遇到和您情况类似的客户，您看，我之前已经把周边所有银行同类的理财产品做了整理。这是对比表，您要是不相信，可以去他们的银行官网查询，产品信息绝对是真实的。您可以先喝口水，看一看之后再决定是否要去其他银行。该表中记录了周边银行的同类产品的基本信息，包括收益、期限、起购金额等。总的来说，还是我们银行的产品占优势一些。

## 场景选择

多个冲突、多人处理、多个行为或一个冲突、多个行为就会面临选择，包括觉得哪个行为是最优选择，会立刻选择哪个行为，接下来会采用哪个行为，实际采用的是哪个行为，影响行为选择的因素有哪些，等等。

一般来说，场景再现时会在思考之后直接选择最优行为，这是强化正面行为，突出行为背后的逻辑。也可以采用先描述新手的错误行为，然后描述高手的正确行为，通过行为对比突出最优行为。

### 案 例

#### 利用我行大额存单优势进行营销

【场景选择】

是直接给客户介绍，还是下次再说呢？我觉得这个时机适合介绍产品，所以就立即给客户介绍了我行的大额存单，利率比定期高，保本、保收益、无风险，提前支取靠档计息，并适时递上了我用A4纸打印的大额存单和普通定期产品的特点对比图，让陈姐一目了然。

"原来这款产品这么适合我呀，等××银行那笔钱到期了，我就转过来存这个大额存单。"陈姐看完后满意地说。

**场景结果**

经过思考做出行为选择之后就会有行动,进而产生直接结果。如果你有多个行为,就要陈述每个行为所产生的结果,以便有所对照。自身的错误行为会产生不良后果,自身的正确行为会产生良好效果。

这里需要区分的是,场景再现的导向有正面和负面两种,经验萃取往往会注重正面,复盘错误往往会注重负面。经验萃取中的场景结果都是好的结果,比如解决了问题、处理了投诉、攻克了难题等,这也是最佳实践取得最佳绩效的直接表现,能促进受众学会大咖的牛招。正如你去听育儿课时,希望老师讲的都是成功培养孩子成才的故事,如果得知老师的孩子都没成才,甚至成了罪犯,那么你会直接断定此人的经验是不需要学习的。

案 例
**利用我行大额存单优势进行营销**

【场景结果】

送走陈姐,我在备忘录上给该客户做了标记,记录了和该客户聊天的大致内容及她倾向接受的产品,并给自己圈出来最近主动电话联系的时间,设置了提醒。大约又经过半个月,在我先后两次电话问候和邀约之后,陈姐非常守信地将她在××银行的330万元到期资金全部转入我行网点,并配置了大额存单。她对我将适合的产品推荐给她感到非常满意,让我成功升级了一户财富客户的同时,也收获了一份信任与理解。

## 第三章 萃取场景

> **案 例**

### 客户经理对产品的了解

【场景结果】

客户看了一会儿，询问了几个常见的产品问题。这些问题理财经理早已在闲暇时演练过，所以很自然流利地回答了客户的疑问。同时，客户看到了理财经理办公室摆放的各类管理理财方面的资格证书及书籍，随即说道："姑娘，你做理财很专业啊，对我的问题都解释得很清楚，连我一个老人家都对产品理解得很透彻了。行了，我就买你们银行的产品了！我相信你！"接着，客户拿出了他行卡，里面金额有50万元，通过POS机成功将他行资金转换为我行内部理财。此时理财经理自信地说："相信我，您不会亏的。"客户高兴地办完业务离去。理财经理送客到大门外，并给客户留了名片，告诉客户可以随时致电查询产品情况，做好产品售后服务。

### 场景疑问

场景再现的最后一个环节是提问，针对共性问题提出1~5个问题。其中，短案例提出1个问题，中案例提出1~2个问题，长案例提出3~5个问题。问题就是引导受众学习的方向，所以要紧扣场景的核心内涵。问题也是过渡环节，承上的是场景再现，启下的是场景经验。

> 案 例

**利用我行大额存单优势进行营销**

【场景疑问】

如何利用大额存单优势升级财富客户?

场景背景、场景冲突、场景行为、场景选择、场景结果、场景疑问等一般是结合在一起的,编写成一个整体的场景的代表性故事。

## 第二节 场景经验

"刚才咱们说的是场景再现,这还不是经验萃取,仅仅是再现场景而已。"王萃取解释道。

"场景经验的萃取与萃取技能有什么不同呢?"

"萃取技能、萃取场景都是企业里比较常见的萃取主题,而且都是比较容易萃取、量化的。两者的不同在于技能往往是流程的确定,但场景中除了流程,还包括新手与高手的差距、牛招等不同维度的萃取,比技能萃取的经验更多样丰富一些。"

"那是不是说明场景包括的经验比技能更多?"

"是的,一个场景包括若干个技能、知识、态度等内容,所以内涵更多一些。当然,这不是说包括什么都要萃取,还是要按照需求和价值选择萃取的主题。"

"原来如此,那咱们开始萃取场景的经验吧,我急需学会这个技能,好给企业的工作场景、管理场景萃取经验呢。"

"好的,我们开始吧。"

场景经验的内容是比较丰富的，包括流程（标招）、口诀、行为、新手与高手的差距、牛招、重点、难点/错点等维度，还可以根据需要增加维度，比如增加方法、工具、感悟等。

**操作流程**

操作流程是工作场景的基础行为、标准行为，也称作标招。流程的拆分可以采用萃取技能的6种方法，拆分出的操作流程是"原生态"的经验，属于经验的初始状态，还需要进一步量化、优化，才能在内部推广。

> **案 例**
>
> **利用我行大额存单优势进行营销**
>
> 【操作流程】
>
> （起点）1. 筛选系统内部：风险偏好低，不愿做理财，又嫌定期利率低的客户。
>
> 2. 电话邀约客户面谈。
>
> 3. 挖掘客户深层次的需求。
>
> 4. 向客户介绍大额存单产品。
>
> 5. 解答客户提出的疑问，打消他的顾虑。
>
> （终点）6. 客户认同大额存单靠档计息的优势，转入他行资金，确定购买。

**口诀化**

"原生态"的经验长短不齐，格式不统一，很难记忆，记不住就很难用得上，这就要把流程升级为口诀。

> 案 例

### 利用我行大额存单优势进行营销

**【口诀化】**

**要字诀：**

1. 筛：筛选精准客户。

2. 邀：邀约客户面谈。

3. 挖：挖掘客户需求。

4. 讲：讲解大额存单。

5. 答：回答客户疑惑。

6. 买：购买大额存单。

**重字诀：**

1. 筛选客户必要性。

2. 客户面谈重要性。

3. 挖掘需求精确性。

4. 讲解产品准确性。

5. 回答疑惑合理性。

6. 确认购买关键性。

## 量化行为

流程的操作一般也分为若干个行为动作，一个动作称为一个要点。先把每个流程的操作要点写下来，一个流程一般写3～5个要点即可，用动宾短语描述。

流程需要进行行为的具体量化，要把涉及的主体、数量、时间、动作、工具、质量等资源界定清楚，不能存在含糊的"少许""适量""差不多"等解释，要站在受众使用的角度清楚明白地撰写，让新手一看就懂、一学就会。

案 例

**利用我行大额存单优势进行营销**

【量化行为】

1. 筛：筛选精准客户。

【流程要点】

（1）登录 OCRM 系统。

（2）设置筛选条件。

（3）导出客户名单。

【标准行为】

（1）登录 OCRM 系统：客户经理早上工作的第一件事是登录 OCRM 系统。

（2）设置筛选条件：活期余额大于 20 万元，近半年没有资金流动，总资产在 200 万元左右的客户。

（3）导出客户名单：通过筛选出来的客户在系统内建立客户群组"大额存单潜力客户"。

2. 邀：邀约客户面谈。

【流程要点】

（1）通过系统了解客户。

（2）打电话给客户。

（3）确定面谈时间。

（4）提前做好准备。

**【标准行为】**

(1) 了解大致情况：查看客户电话信息是否完整（如没有添加联系电话要及时添加，方便以后接收短信），通过查看客户身份证号码来确定年龄、称谓，通过地址来确定位置远近，查看产品构成来了解客户大致风险等级（如都是定期产品的为低风险客户，配置过基金的为中高风险客户）。

(2) 打电话给客户：最好在上午12点之前和下午2~4点打电话，在电话里用简单的一句话介绍产品。

(3) 确定面谈时间：和客户商量出客户方便的时间来详细了解产品。

(4) 提前做好准备：为面谈做一个备忘录，为自己设一个闹钟提醒。

## 新手与高手的差距

行为量化之后，可以比较一下新手和高手在操作方面存在的典型差距，让新手在学习经验时有一个努力方向。差距可以采用对照的方式进行表达，一般来说，一个流程只列出一个典型差距就可以了，差距太多，新手容易无从下手。

**案例**

### 利用我行大额存单优势进行营销

**【新手与高手的差距】**

1. 筛：筛选精准客户。

新手只是通过系统查询客户的资产分级情况，结果不精准；高手除了系统查询外，还会利用"综合查询""产品持有查询"，年龄、职业等其他辅助查询手段来更精准地定位客户。

2. 邀：邀约客户面谈。

新手电话邀约客户大多没有做事先准备工作，语气生硬，毫无重点；高手准备工作充分，语气亲切和善，更懂得尊重客户。

## 牛招

牛招是相对于标招的操作行为，有了标招的对比，更能凸显牛招的价值。每个流程中都有高手开发、改造的行为，这些行为对于操作来说是有效的、好用的、特别的，而且是经过处理的捷径。牛招是标招中的某个行为的放大，是具体的行为。牛招的特点是一招见效、招招奏效。

每个流程中的牛招不限制数量，都可以写出来。牛招应该成为企业经验萃取的追求，因为标招可能早就存在了，但牛招是企业急需萃取出来的经验。

**案 例**

**利用我行大额存单优势进行营销**

【牛招】

1. 筛：筛选精准客户。

（1）在自己的电脑上建一个文件夹（注意安全性），比如叫"大客户"，之后以每个潜力客户的名字命名每个电子文档，文档里记载所有通过与客户沟通得来的信息。平时和客户多交流沟通，聊天拉家常，获取他的信息，比如他在他行的资产情况、家里人的情况、独特的兴趣爱好、最近的安排、去哪里旅游等信息，越详细越好。每隔一段时间就点开看看，加深印象。

（2）筛选客户年龄在35岁以上。

（3）打电话一对一联系客户，满足其对风险收益的要求。

（4）关注曾经购买过国债的客户。

2.邀：邀约客户面谈。

（1）邀约客户前要事先做好准备。如果客户喜欢喝茶，可以提前备好茶叶；如果客户是女性，可以在办公桌上摆放一束插花。

（2）提前做好产品测算，让客户可以直观看到收益。

（3）告知客户大额存单的额度较少，需尽快到网点进行占额。

（4）相同类型产品如定期国债的收益、期限、支取方式等，两者做直观对比。

## 重点

重点是指每个操作流程下的关键行为，这个行为的完成有助于流程的成功，从"事"的角度来看行为，每个流程就一定会有至少一个重点。当然，一个流程只标注一个重点行为就可以了，主要起到强调的作用。

### 案 例

**利用我行大额存单优势进行营销**

【重点】

1.筛：筛选精准客户。

多和客户交流沟通。

2.邀：邀约客户面谈。

针对客户做好准备。

## 难点/错点/对策

难点/错点是从经验使用者的角度衡量的，从"人"的角度看行为，难的行为往往就容易犯错，所以难点/错点往往是重合出现的。

每个流程从使用者角度列出一个难点/错点行为即可，然后要给出解决对策，一般至少给出两个对策。而且，操作行为要具体化，不能是虚无的原则、理念。

### 案 例

#### 利用我行大额存单优势进行营销

【难点/错点/对策】

1.筛：筛选精准客户。

【难点/错点】筛选出风险偏好较高的客户。

【对策】

（1）细心为客户解答，说明该款产品不同于基金、理财，是保本保息的定期存款。

（2）为客户讲解大额存单和其之前所买产品的不同，从资产配置降低风险的角度可以配置一部分大额存单。

2.邀：邀约客户面谈。

【难点/错点】打电话时很紧张，吐字不清。

【对策】

（1）先写好小纸条，照着读，慢慢熟悉流程。

（2）请同事或家人扮演客户，自己慢慢习惯这种交流的过程。

一线员工在学习工作技能和技巧时，往往只能基于工作场景进行操作，这样方法、技巧就比较容易融入工作场景中，不需要转化，可以直接迁移。所以，基于工作场景的经验萃取往往容易传播、推广和传承，可以把通用的工作场景、管理场景和专业的业务场景逐步萃取出来，形成手册、微课等多样化的成果，打造企业内部共同的话语，进而形成工作方法或企业文化。

第四章

## 萃取问题

萃取技术是通用的总结经验的技术，不但可以萃取携带隐性经验的企业内部优秀标杆，也可以萃取企业当下没有经验的问题，并探寻外部的经验。萃取问题分为小问题萃取和大问题萃取，两者都是基于外部经验进行萃取，并结合内部实际情况，转化为内部语言和方案，最后形成行动计划。

## 第一节　小问题萃取

"王老师好，这次咱们学习什么内容呢？"

"你最近在工作或生活中是否遇到什么问题？比如记不住看过的书的内容？"

"让我想一想啊。"崔小白快速回想了一下这周的情况，"还真有几个问题，比如怎么识别别人是否说谎，怎么做PPT文稿。"

"那你有想过用萃取技术去解决这些小问题吗？"王萃取启发道。

"这个啊？"崔小白还真没想到，他一直都在萃取自己做得好的事，还没有萃取过问题，"哦，之前听您说过可以萃取外部经验，但还没有实践过。"

"好，这周咱们就来学习怎么萃取问题，首先从萃取小问题开始，这样以后你就可以'万事不求人'了，汇集外部前辈智慧,助力自我成长。"

"那真是太好了!"崔小白兴奋地说。

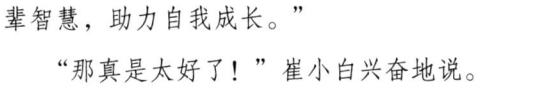

工作和生活中的小问题可以应用萃取技术,萃取外部前辈的经验,只要网上找得到的资料就可以采用,具体的操作步骤是整理要点、合并分类、排序调整、口诀转化。萃取问题即通过外部把问题的答案找到,然后转化为自己的语言,从而形成新的答案。

## 整理要点

根据要解决的问题,确定相应的关键词,也可以直接把问题作为搜索主题,比如问题是"为什么自己害怕的事情会发生",既可以搜"害怕的事情",也可以搜问题本身"为什么自己害怕的事情会发生"。你至少需要打开10个网页,收集10个可能的答案(每个答案都称为答案要点),不需要排序、标注序号,只要罗列就可以,这样就可以在众多前辈的肩膀上获得成长。

案 例

**为什么自己害怕的事情会发生**

问题:为什么越害怕的事情越会发生?(福建联通 林玲 提供)

- 因为害怕发生,所以会非常在意。
- 事物本身并不影响人,人们只受对事物看法的影响。
- 任何事情都有两面。
- 人在焦虑的情况下各种能力都会比正常时要低。
- 如果事情有变坏的可能,不管这种可能性有多小,它总会发生。

- 你害怕发生，所以你会变得懦弱。
- 会出错的事总是会出错。
- 担心最可能发生的事，发生的概率最大，给人的错觉就是越担心越容易发生。
- 任何事都没有表面看起来那么简单。
- 本身能力不足，自信心不够。

## 合并分类

收集 10 条以上的答案要点，就是为了找到答案，让答案更准确。现在需要对收集的答案要点，根据相似或相同情况进行分类、合并，分成 3～10 类就可以了，因为这个数量的答案比较容易被人记住和传播。

### 案 例

**为什么自己害怕的事情会发生**

问题：为什么越害怕的事情越会发生？

自然规律：

- 任何事情都有两面。
- 事物本身并不影响人，人们只受对事物看法的影响。
- 如果事情有变坏的可能，不管这种可能性有多小，它总会发生。
- 会出错的事总是会出错。
- 任何事都没有表面看起来那么简单。

心理原因：

- 因为害怕发生，所以会非常在意。
- 人在焦虑的情况下，各种能力都会比正常时要低。

- 你害怕发生，所以你会变得懦弱。
- 担心最可能发生的事，发生的概率最大，给人的错觉就是越担心越容易发生。

能力问题：

- 本身能力不足，自信心不够。

## 排序调整

分类之后，根据需要进行排序，比如按照重要性、时间、空间、操作习惯等进行排序。因为合并分类是自然排序，不一定符合需要，所以需要再次干预。当然，也有可能在分类时直接排序了，那这一环节就可以跳过。

### 案 例

#### 为什么自己害怕的事情会发生

问题：为什么越害怕的事情越会发生？（无须排序）

自然规律：

- 任何事情都有两面。
- 事物本身并不影响人，人们只受对事物看法的影响。
- 如果事情有变坏的可能，不管这种可能性有多小，它总会发生。
- 会出错的事总是会出错。
- 任何事都没有表面看起来那么简单。

心理原因：

- 因为害怕发生，所以会非常在意。
- 人在焦虑的情况下，各种能力都会比正常时要低。
- 你害怕发生，所以你会变得懦弱。

- 担心最可能发生的事，发生的概率最大，给人的错觉就是越担心越容易发生。

能力问题：

- 本身能力不足，自信心不够。

## 口诀转化

经过排序，问题的答案就相对合理了，但这还只是他人的经验，需要你自己进行改写，一来是避免侵权，二来是方便记忆。萃取技术有七种口诀可以采用，这个环节会使你在萃取问题过程中加入自身的理解，真正做到"抄袭于无痕"。具体操作是先把一级目录口诀化，再把二级目录口诀化。

### 案 例

#### 为什么自己害怕的事情会发生

问题：为什么越害怕的事情越会发生？

自然规律——无解：

- 任何事情都有两面。
- 事物本身并不影响人，人们只受对事物看法的影响。
- 如果事情有变坏的可能，不管这种可能性有多小，它总会发生。
- 会出错的事总是会出错。
- 任何事都没有表面看起来那么简单。

心理原因——无知：

- 因为害怕发生，所以会非常在意。
- 人在焦虑的情况下各种能力都会比正常时要低。
- 你害怕发生，所以你会变得懦弱。

- 担心最可能发生的事，发生的概率最大，给人的错觉就是越担心越容易发生。

能力问题——无能：

- 本身能力不足，自信心不够。

外部经验转为口诀之后，还需要进行量化行为的表述，即说清楚具体怎么操作，并辅之企业内部的场景案例和术语进行解读，就能内化为内部经验了。

## 第二节　大问题萃取

"王老师好,这周我工作比较忙,在协助业务部门萃取难题。因为这个部门新成立不久,老员工不多,也就没有多少最佳实践,反倒是遇到的困难特别多。"崔小白发出无奈的感叹,为了支持业务部门和践行经验萃取,他力排众议,做出承诺才得以参与到项目中。

"你这个萃取项目很有挑战性,正好可以践行咱们'万事皆可萃'的信条。"王萃取鼓励道。

"这个算是萃取问题吧?"崔小白请教道,"我可以按您上周教的萃取问题的方式进行萃取吗?"

"是的,这属于大问题,不能按照小问题萃取的方式做。"

"问题的大小不同,萃取方式也不同吗?"崔小白吃惊地问,没想到老师把萃取问题也分得这么细。

"是的,问题的范畴不同,复杂程度不同,萃取的方式也就不同,大问题的萃取咱们有专门的一套方法。"

"好的,那王老师赶紧给我讲讲吧!"崔小白迫不及待地说。

"好!你马上备好纸笔,咱们开始吧。"

# 第四章 萃取问题

大问题一般是工作中需要找到解决方案的劣构问题，因此萃取时就会复杂一些，可以根据界定问题、确定真因、萃取经验、制订方案等步骤进行，最后制订出行动计划。

## 界定问题

### 1. 什么是问题

问题是期望状态与当下状态的差距，用公式表示就是：

$$期望状态 - 现有状态 = 问题$$

比如，在买房时的期望状态是首付 50 万元，但现有状态是 40 万元，那这 10 万元就是要解决的问题。

问题是客观存在的，工作中、管理中的问题也都是客观存在的。回避问题只能是自欺欺人，面对问题才能解决问题。

问题的发生都是有信号提示的。比如，王萃取在高中时曾和家人一起去山上捡石子，发现山体会不时掉落碎石，这时有行家提醒说这个地方可能要塌，大家随即跑了出来。不一会儿，这个地方果然塌下来了，覆盖了我们原来所站的地方。

问题发生的信号往往有以下几类：

- 感到困惑时：在执行时没有思路，这可能就有问题。
- 引起争执时：在执行过程中团队成员意见不一致，有冲突和争执，意味着有问题。
- 有异常事情时：突然出现了新的变化、异常的事情，可能出现了新问题。
- 不知方法时：在操作时不知道怎么做，一定是哪里出了问题。

- 别人抱怨时：客户、领导或同事有情绪、有抱怨时，或许就存在问题。
- 提出期望时：客户、领导提出明确的期望，就是改进问题的方向。

### 2. 问题会变大

小问题不解决，会产生大问题，之后就会发生连锁反应，最后变成难以解决的难题。"千里之堤，溃于蚁穴"说的就是这个道理。

### 3. 盘点问题

当基于一个岗位或主题进行分析时，可以罗列当下存在的多个问题，为后面解决问题做好铺垫。比如联通小 CEO 岗位的工作问题分为自己、团队和业绩等 3 个方面：

自己面临的问题：管理者的角色、突发事件的处理、跨部门合作与冲突处理、时间管理、压力与情绪管理、学习优秀小 CEO 的经验……

团队面临的问题：团队士气低落、老员工不好管理、内部矛盾加剧、授权管理、形成工作经验手册、微信群的管理、会议管理、现场管理、激发工作热情、新业务的学习、绩效面谈与反馈……

业绩面临的问题：市场调研与业务整体规划、业务目标的分解、有限资源的整合使用、搭建渠道体系、老客户的维系、终端销售体系、营销活动的策划和组织、策反经验与技巧、客户需求挖掘、数据分析、产品设计与话术、重要客户的拜访、工作细致性、优秀营销经验的整理……

### 4. 梳理问题

问题盘点之后，并不是一起解决所有问题，而是根据问题梳理出一个矩阵。这个矩阵要从时间和结果的维度做梳理：现在可以做得更快、现在可以做得更好、未来可以做得更快、未来可以做得更好。目的是把盘点的问题进行逐一梳理，使众多问题有明确的分类（见图4-1）。

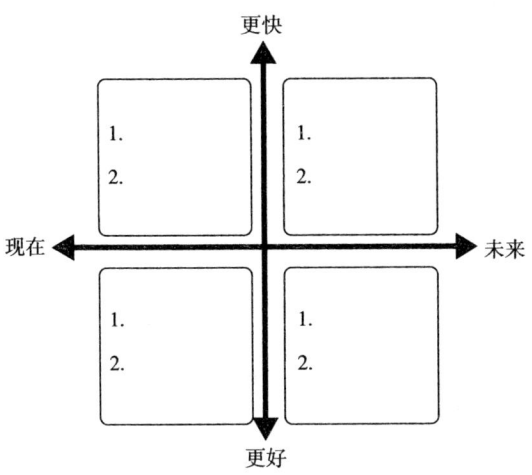

图4-1　界定问题的矩阵

**5. 问题选择的原则**

在梳理问题之后，需要选择一个现在马上要解决的问题，尤其是团队共同应对问题时，多个问题一起分析、解决，效率和质量都会有所降低，所以我的建议是一次解决一个问题。选择时可以根据通用性、典型性、重要性来进行。通用性是指高频发生的问题，范围比较大；典型性是比较突出，有一定的代表性，可以起到示范作用的问题；重要性是对业务价值而言的关键指标或所占比重大的、有利于促进绩效的问题。

选择问题要以内部可改善为导向，老外的、老板的、老天的"三老"问题都需要去掉，即使是关键问题，但因为外部不可控，所以还是聚焦内部问题比较靠谱。比如国际形势的影响、国外的政策变化、老板角度的问题、自然环境的灾害、社会环境文化等，都不是一朝一夕可以解决的，企业萃取问题时要基于内部可改善的问题进行选择。

#### 6. 界定问题范围

确定要解决的问题之后，需要界定问题的解决范围，即本次萃取需要解决的范围是什么，排除的范围是什么。可以拆分问题的下一级目录，根据难度、成本、时机等进行选择。当然，解决问题的团队之间一定要达成共识，否则会影响后面的分析环节。

#### 7. 问题的表达

问题界定之后，在萃取时需要对问题的表达理解一致，一般采用"如何"进行描述就可以。问题的表述要简单，控制在20个字之内；内容要准确，聚焦主旨不跑偏；语句要通顺，读起来通俗易懂。比如：家庭成员如何达成育儿思想的统一。

### 确定真因

#### 1. 利益相关者

每个问题都是有原因的，但只有确定真因才能找准对策。

问题没有得到解决，往往是因为利益相关者的需求没有得到满足。基于问题分析利益的相关者，一般5~9个角色即可，并梳理出角色在这个问题上的行为职责。按照对问题解决的决策、影响、执行等权重进行分析，按照拥护、支持、保持现状、反对、抗拒等状态进行判断。如表4-1所示：

## 案 例

表4-1　家庭成员如何达成育儿思想的统一：利益相关者状态

| 序号 | 人员 | 角色 | 职责 | 权重 | 状态 |
|---|---|---|---|---|---|
| 1 | 连援朝 | 爷爷 | 经常接送孩子 | 决策 | 拥护 |
| 2 | 李春花 | 奶奶 | 负责孩子的饮食起居 | 影响 | 保持现状 |
| 3 | 连大同 | 爸爸 | 主要是跟孩子玩 | 执行 | 支持 |
| 4 | 吴晓丽 | 妈妈 | 希望孩子能够自理自立 | 决策 | 拥护 |
| 5 | 常惠华 | 姥姥 | 时常传递自己的育儿经 | 决策 | 抗拒 |

说明：当前育儿思想以姥姥为主，因为孩子3岁前由姥姥带大。

### 2. 利益相关者关系网

利益相关者明确之后，可以把不同角色之间的关系梳理一下，从利益相关者关系角度理解其在问题解决上的态度。具体分为4步：定中心人物、其他角色、定核心职责、定相互关系。

定中心人物，问题解决的中心人物放在纸张的中心位置；定其他角色，其他利益相关者角色环绕在中心人物的外围；定核心职责，把人物角色的核心职责写在人物画像下面，一般用短语写一个职责即可；定相互关系，先确定各角色与中心人物的关系，再寻找各个角色之间的关系，关系有单向与双向之分，用关键词写在连接线上。如图4-2所示：

> 案 例

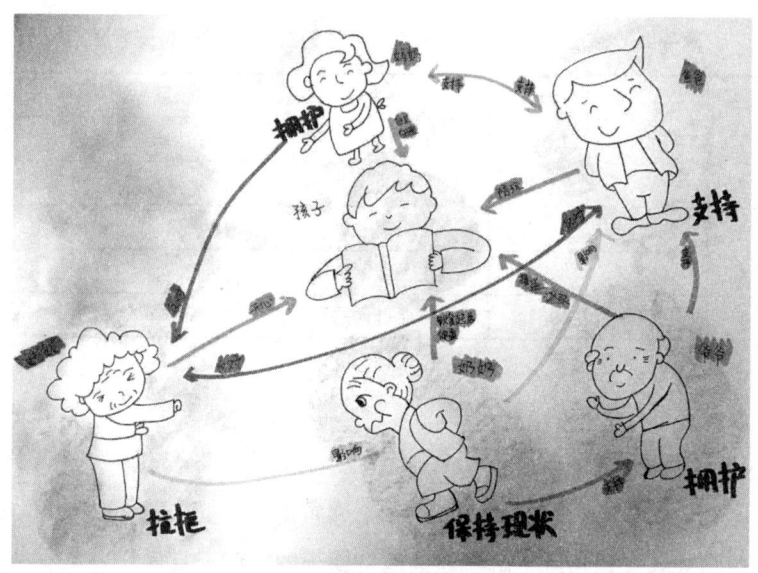

图4-2 家庭成员如何达成育儿思想的统一：网络关系图

#### 3. 利益相关者需求

问题解决团队分工扮演角色。每人扮演一个角色，重要角色可以多人扮演，需要站在角色职责和状态角度说明自己的需求（真实场景就是如此），先不要讨论，只要各自把角色需求写出来即可，每个即时贴只写一条需求。实在想不到需求之后再发起讨论，逐个补充角色需求，然后把需求即时贴放在相应的角色位置。如表4-2所示：

**案 例**

表 4-2　家庭成员如何达成育儿思想的统一：利益相关者需求

| 序 号 | 人员 | 需　求 |
|---|---|---|
| 1 | 爷爷 | 诚实，健康，守规矩，学习 |
| 2 | 奶奶 | 健康，开心，学习，守规矩 |
| 3 | 爸爸 | 责任，勇敢，开心，合群 |
| 4 | 妈妈 | 独立，自信，合群，自理，自强 |
| 5 | 姥姥 | 开心，不吃亏，有权威，健康 |

**4. 确定核心需求**

利益相关者这么多需求不可能一次性都满足，只能分阶段满足。角色扮演者把利益相关者的需求按照"核心、重要、一般"进行划分，并向其他角色澄清。核心需求最后只确定 5 个，所以角色扮演者要论证自己的需求才是最重要的，可以展开讨论、辩论，要注意的是角色扮演者要为其代言，要"假戏真做"，不能随意让步。有相似的核心需求就合并，这样还可以兼顾不同的利益相关者的立场。如表 4-3 所示：

**案 例**

表 4-3　家庭成员如何达成育儿思想的统一：核心需求

| 需求 | 1. 独立 | 2. 自理 | 3. 健康 | 4. 合群 | 5. 诚实 |
|---|---|---|---|---|---|
|  |  |  |  |  |  |
|  |  |  |  |  |  |
|  |  |  |  |  |  |
|  |  |  |  |  |  |

**萃取经验**

针对问题，查找外部资料萃取经验，结合内部实践萃取经验，罗列出针对问题的解决做法，数量要在 10 条以上，发散收集各种可能的解决之道。

> **案 例**
>
> 家庭成员如何达成育儿思想的统一：萃取经验。
> - 谁发起谁为主。
> - 轮着方法来。
> - 请教专家。
> - 开家庭会。
> - 竞争加分。
> - 一起学习。
> - 与身边的父母们交流。
> - 看孩子是否有改变状态。
> - 借鉴育儿书的做法。
> - 看看别人家孩子的教育。
> ……

然后根据重要性，筛选出 5 条最重要的做法，在这里称之为实现需求的手段，写在表格的第一列。如表 4-4 所示：

**案 例**

表4-4　家庭成员如何达成育儿思想的统一：明确手段

| 手段＼需求 | 1. 独立 | 2. 自理 | 3. 健康 | 4. 合群 | 5. 诚实 |
|---|---|---|---|---|---|
| 1. 谁发起谁为主 | | | | | |
| 2. 一起学习 | | | | | |
| 3. 请教专家 | | | | | |
| 4. 开家庭大会 | | | | | |
| 5. 竞争加分 | | | | | |

手段可能会解决需求，但还是不具体。经验萃取会进一步萃取行动措施，把需求与手段进行强制关联，两者交叉的地方萃取具体的行为——行动措施，每一个交叉点都要有措施，不能空，这是最复杂的环节，萃取内部成员的智慧，为下一步做好铺垫。

**1. 策略选择漏斗**

措施多了也不可能一起实施，所以要进行筛选，根据策略选择漏斗逐层过滤：重要、难度、成本。

根据重要性选择措施，把认为重要的措施拿出来，每人不要超过5条，先独立操作，然后小组讨论，再对重要的措施进行分类，最重要的放在右边，次重要的放在左边，重要的措施不要超过20条。

重要的措施选择出来之后，再按照难度进行过滤，最难的措施放在最上面，容易的放在下面，容易的措施不要超过15条。

最后根据执行成本高低进行过滤，考虑人力、物力、财力、时间等因素，对成本进行估算，把成本相对低的措施单独列出来，成本低的措施不要超过10条，一般在4~10条即可。

> **案 例**

育儿方法统一：措施。

- 从穿衣开始训练孩子的独立。
- 一家人一起看《科学成就健康》。
- 关注"科学猫头鹰"微信公众号。
- 召开孩子自理的家庭大会。
- 孩子诚实表现加分表。

### 2. 措施转述成口诀

措施过滤筛选之后，可以把措施进行口诀化，便于汇报与传播。

> **案 例**

#### 家庭成员如何达成育儿思想的统一

育儿方法统一：要字诀。

- 独立：从穿衣开始训练。
- 健康：看《科学成就健康》。
- 专家：关注"科学猫头鹰"。
- 自理：开自理家庭大会。
- 诚实：孩子表现加分表。

育儿方法统一：重字诀。

- 穿衣训练独立化。
- 观看节目共识化。
- 科学猫头鹰消化。
- 自理磋商大会化。

- 诚实表现报表化。

育儿方法统一：数字诀。
- 一穿：从穿衣开始训练。
- 二看：看《科学成就健康》。
- 三号：关注"科学猫头鹰"。
- 四会：开自理家庭大会。
- 五表：孩子表现加分表。

## 制订方案

萃取内外部经验制订了解决问题的措施之后，就可以撰写方案了。

每家企业对汇报方案的风格和要求不一样，王萃取在内训时一般会带领学员做简版方案。方案结构包括标题、背景、价值、措施、计划等。

### 1. 标题

方案标题需要一定的包装，我一般会介绍4种常见标题供学员选择，分别是解释式、提问式、断言式、成语式。当然，还有其他一些起标题的方式，我会根据具体情况增加几种一起使用。

- 解释式：手机，不要做我家庭的第三者。
- 提问式：如何萃取业务专家的经验。
- 断言式：别说你懂项目管理。
- 成语式："诉"战速决——投诉处理解决方案。
  统"一"口径——统一育儿方法实施方案。

## 2. 背景

问题是在某种情况下产生或突出的，这就是方案的背景。可以从行业背景和企业背景两个角度分析。行业的政策法规、科技变化，企业的战略转型、变革、新的指标与要求，都可以作为方案背景。

可以参考下面的方案撰写格式：

在……情况下，受到……冲击，谁……面临着……，为了应对……，因此推出……方案。

按照这个结构可以快速梳理出背景，但要注意的是，不同的方案，运用的词语需要做一定的调整。

**案例**

**家庭成员如何达成育儿思想的统一**

育儿方法统一：背景。

在宝宝教育多种思想不统一的情况下，宝宝受到多样的思想冲击，面临着朝令夕改、成长无措的状况，为了达成教育思想的统一，推出宝宝教育方法统一的实施方案。

## 3. 价值

问题的解决带来的好处、收益就是方案的价值，可以从部门、公司等不同高度总结，并从团队、客户、市场等多个维度进行思考。

价值的撰写结构可以参考如下：

在……基础上，从……几个方面实施，解决了……问题，促进了……。

与背景部分相同，结构不变，词语可变，根据方案要灵活用词，否则就会显得僵化。

> **案 例**
>
> **家庭成员如何达成育儿思想的统一**
>
> 育儿方法统一：价值。
> - 在保持原有正向教育的基础上。
> - 从独立、健康、专家、自理、诚实等5个方面实施。
> - 解决了以往教育思想不一致、宝宝成长无措的问题。
> - 促进了宝宝的健康成长。

### 4. 措施

措施需要进一步量化，包括涉及的人、事、数量、质量、时间、成本等要素需要说清楚，如果是PPT汇报，一般是一个措施一页PPT，涉及的因素要具体、量化，不能有"少许""适量"等含糊词语，即使不容易量化，也要给出区间，或者举例说明。

> **案 例**
>
> 育儿方法统一：实施。
>
> 实施措施1：独立，从穿衣开始训练。
>
> 早上，奶奶协助宝宝自己穿衣服；晚上，妈妈监督宝宝自己脱衣服。

### 5. 行动计划

行动计划是落地的手段,不能仅仅停留在措施解释层面。如表 4-5 所示。

$$行动计划 = 时间 + 事件 + 结果$$

在什么时间做什么事情,并且要达到一定的结果。启动时间和第一步工作计划特别重要,所谓"万事开头难",第一步的工作要相对容易一些才好实施下去,中长期计划不要超过一个季度,以周为单位比较适宜。

案 例

表 4-5 育儿方法统一:行动计划

| 序号 | 措施 | 时间 | 事件 | 结果 |
| --- | --- | --- | --- | --- |
| 1 | 独立:从穿衣开始训练 | 12月1日—12月20日 | 早晚监督孩子独立穿衣服 | 自己穿上 |
| 2 | 健康:看《科学成就健康》 | 12月3日 | 当当网下单购买 | 每周组织家庭成员一起读10页 |
| 3 | 专家:关注"科学猫头鹰" | 12月4日 | 关注微信公众号:科学猫头鹰 | 每周全家阅读一篇育儿的文章 |
| 4 | 自理:开自理家庭大会 | 12月5日 | 召开全体家庭成员关于孩子自理的会议 | 对孩子自理的行为达成共识 |
| 5 | 诚实:孩子表现加分表 | 12月6日 | 制订孩子言行一致表 | 挂在孩子房间墙上 |

第五章

## 萃取错误

主题是聚焦萃取产出成果的方向，可以萃取出最佳实践；问题是待解决的难题，可以萃取出解决方案；错误是过去的挫折失败，可以萃取出改正对策。企业的成长一方面是基于最佳实践，复制"成功"；另一方面就是基于错误管理，避免"重蹈覆辙"。

## 第一节　错误管理

"王老师，您在吗？"

"在的，怎么啦小白？"

"王老师，我最近好像犯了一个错误。"

"怎么了？小白你具体说说。"

"是这样的，我在我们单位最近组织了一次聚会，我在现场没有和领导主动交流。因为我觉得我不知道该给领导说些什么，所以我就没有去主动和领导交流。"

"你的其他同事都去和领导交流了吧。"

"是的，就是因为这个我才闹心的，似乎只有我没有去和领导交流。当我发现这个问题之后，我本来打算去和领导交流的，但那时领导已经快喝多了，所以我就作罢了。现在想想，领导可能会对我有看法，觉得我瞧不起他。"

"小白，你确实犯了一个错误。在聚会时，这是非常好的和领导交流的机会，至少你可以给领导敬一杯酒啊。"

"是啊，王老师，我发现最近我总是在犯错误。"

## 第五章 萃取错误

"咱们搞经验萃取的,犯了错误不要紧,重要的是要做好下一步的管理,以后就不会犯类似的错误了。"

"错误也能管理吗?"

"是的,这就是接下来我要给你讲的萃取错误。"

每个人在工作和生活过程中总会犯很多错误,犯错误并不可怕,可怕的是没有对错误进行管理。

## 错误档案

错误档案就是对错误进行管理的一种非常好用的方式。如果犯了错误不记录下来,久而久之,你就会忘记它。所以,按照档案的方式,对错误进行记录、分析、管理就十分必要了。我们可以把错误按照档案的方式进行分门别类的管理,这样总结在一起的就叫错误档案(见表5-1)。

表5-1 错误档案表

| 所犯错误 | 时间: | 地点: | 场合: |
|---|---|---|---|
| 错误领域 | □工作(G)□生活(S)□情感(Q) | | |
| 错误类型 | □不会做(Z)□不了解信息(X)□准备不充分(B)□临时状态不好(T)<br>□理解错误(L)□他人配合不当(P)□他人阻碍(A)□客观因素(K) | | |
| 错误代码 | | | |
| 错误描述 | | | |
| 当时所想 | | | |
| 在场者评价 | | | |
| 犯错原因 | | | |
| 改进措施(重点) | | | |
| 改错心得 | | | |

备注:错误档案表仅作为参考,读者可以据此进行删改,以便符合个人情况。

**错误类型**

错误类型是指个人在工作中犯错的具体典型情况。错误常见的类型有：不会做、不了解信息、准备不充分、临时状态不好、理解错误、他人配合不当、他人阻碍、客观因素等。

不会做，是指个人没有能力完成这项工作，需要补充知识技术。比如你增加了一个新的工作任务：做交易数据的分析。这个任务是你没有做过的，那么你就会因为不会做而犯错误。

不了解信息，是指个人对所做的事情没有做到充分的信息对称。不了解问题的具体情况，也就无法做出相应的行为对策。比如你在做项目时，领导对交付的标准有了新的要求，但因为没有及时进行交流，就会导致你因为不了解而继续执行原标准的情况发生，这样就容易犯错误。

准备不充分，是指个人实际上是有能力完成此项工作的，但是因为时间或者心态等因素，导致准备不到位，进而影响事情的执行效果。比如萃取师在准备萃取的课程时，因为没有充分准备，导致对需求理解不到位，企业就会对交付的成果不满意。

临时状态不好，是指个人在工作过程中，心理、生理等发生问题。比如头疼脑热，就会影响执行的效率和质量，这往往属于意外情况。当然，如果是心态因素，这就说明我们需要进一步提高修养和训练。比如有一次王萃取连续作业，导致头疼，就影响了当天的授课效果。

理解错误，是指多人作业的时候，因为交流不到位、解惑不及时，个人对事情的理解有偏差，导致在信息层面出现误解，进而做出错误的判断和行为。比如对于同一个案例，企业、机构、讲师对它的理解可能是不一样的，所以就要对案例的结构、样式进行确认，之后才能去做经验萃取与案例开发。

他人配合不当，是指几个人一起从事一项工作，碰到对方犯错误、没有配合好的情况。我们经常听到的"猪队友"就是这种情况，自己没有失误，对方有失误，导致事情失败。比如，王萃取给企业做一次培训，助教承担课程的美化工作，但是他在忙别的事情，没有全力履行职责，导致交付的成果不漂亮，还需要延长时间去做美化。

他人阻碍，是指在工作过程中碰到竞争对手或不配合的成员，刻意制造困难为难你，导致出现失误。比如合作伙伴与你生气，故意没有做好自己的事情，导致下一步不能正常开展。

客观因素，是指因为政策的变化、环境的变化、突发情况等导致人们犯错误。比如王萃取在给一家钢铁企业做经验萃取培训时，夏天没有空调，80多人在一个教室里，大家都汗流浃背、身心俱疲，在这样的环境下，有的学员练习得就不到位。

**错误代码**

为了便于错误的管理，我们可以结合时间、类型、领域，给错误进行编码，当然每个人可以结合自己的需要进行适当改造。比如工作（G）、生活（S）、情感（Q），类型可以是不会做（Z）、不了解信息（X）、准备不充分（B）、临时状态不好（T）、理解错误（L）、他人配合不当（P）、他人阻碍（A）、客观因素（K），加上年月日的时间因素，序号可以是两位数。比如03GB20180504，第三个错误发生在工作中，关于准备不到位，时间是2018年5月4日。

## 第二节　错误应对

"一个人成长得快,要么跟成功的人对标学习,这是正向成长;要么避免犯同样的错误,这是逆向成长,两个方面都很重要。"王萃取语重心长地说。

"跟名人学牛招,这是您经常强调的经验萃取。"崔小白回顾道,很多时候他会发现,王萃取不经意的一句话都会对自己的成长大有帮助。

"是的,找到错误的应对措施,以后在面临同样的事情时正向操作就可以了。"

"嗯,我记得有一次您讲'项目复盘与经验萃取'的课程,就具体说过这点,萃取错误确实可以让个人成长加速,我希望自己以后做事时可以轻松随意地完成。"

"错误应对有方法,咱们就要萃取这个呢,萃取错误之后会让你不走错路,少走弯路,避免走回头路!"王萃取用重字诀总结了萃取错误的好处。

"老师口诀用得好,我也要多学多练。"

"咱们一个一个地练习,先把应对错误的正确做法找到,让你先把如何在聚餐时与领导交流这事儿搞定。"

"好的,谢谢老师,咱们开始吧!"

## 错误再现

改正错误的前提是正视错误,这就要对犯的错误进行复原再现。

错误的再现相当于场景重现,如果是重大的工作错误,可以直接采用场景再现(本书第三章第一节)的结构进行复原;如果是相对小的错误,可以采用轻结构进行再现。

错误的经过再现需要包括时间、地点、人物、行为、错误、结果等六要素,具体的结构是:

何时……在哪里,谁……做了什么行为,哪里是错误的,导致的结果是……。

**案 例**

**聚餐时没和领导主动交流**

2018年6月5日(时间),在风云饭店与同事聚餐(地点),大家(人物)在席间都去和领导主动交流(行为),崔小白没和领导主动交流(错误),这让部分同事和领导以为崔小白看不起领导(结果)。

## 错误原因

错误的原因分析,一般直接过滤掉客观原因、他人原因,这和萃取问题时一样,即使外部原因是关键,但因为不能干预、改善,也就没有更多意义，尤其是对个人发展来说。但工作中的重大错误，根据需要是可以分析客观原因、他人原因的。

错误原因分析遵循主观原因、重点原因、主要原因的三层过滤，先盘点出导致错误的诸多主观原因，然后按照轻重进行过滤，再按照主要、次要进行划分，最后确定其中一个作为主要原因。如果遇到两个都是主要原因，就再次比较两者的重要性，最重要的那个就是主要原因。

案 例

**聚餐时没和领导主动交流**

（01GZ20180605）

没有和领导主动交流意识（重点、次要）。

不会交流（重点、次要）。

不敢交流。

交流时不知道说什么（重点、主要）。

聚餐时基本不交流。

## 错误对策

主要原因找到之后，就要探寻正确的做法——错误的对策。因为本人是没有这方面经验，就需要萃取外部的经验。最快的方法是通过网络萃取经验，依据萃取问题的"整理要点、合并分类、排序调整、口诀转化"等四个步骤就可以探寻出对策。要注意的是，外部经验一定要经过口诀转化才能应用。

## 案 例

### 聚餐时没和领导主动交流

（01GZ20180605）

1. 看时机：交流时机要把握；

2. 敬领导：称呼领导要尊敬；

3. 有说辞：言真意切要有话；

4. 显诚意：交流感情要投入。

错误的对策找到之后，就可以填写到错误档案（见表5-2）里，下一次遇到同一场景时，可以拿出来学习应对。

**表5-2　填写错误档案表示例**

| 所犯错误 | 时间：20180605 | | 地点：风云饭店 | 场合：部门聚餐 |
|---|---|---|---|---|
| 错误领域 | ☑工作（G）□生活（S）□情感（Q） | | | |
| 错误类型 | ☑不会做（Z）□不了解信息（X）□准备不充分（B）□临时状态不好（T）<br>□理解错误（L）□他人配合不当（P）□他人阻碍（A）□客观因素（K） | | | |
| 错误代码 | 01GZ20180605 | | | |
| 错误描述 | 2018年6月5日（时间），在风云饭店与同事聚餐（地点），大家（人物）在席间都和领导主动交流（行为），崔小白没和领导主动交流（错误），这让部分同事和领导以为崔小白看不起领导（结果）。 | | | |
| 当时所想 | 因为自己不会主动交流，所以没敢和领导主动交流。 | | | |
| 在场者评价 | 不尊重领导。 | | | |
| 犯错原因 | 交流时不知道说什么（重点、主要）。 | | | |

（续表）

| | |
|---|---|
| 改进措施<br>（重点） | 1. 看时机：交流时机要把握<br>一般等领导或长辈自己相互交流之后，才轮到下属和领导交流，不要一开场就去和领导交流。交流时要注意顺序问题，一般是先和大领导交流，之后再和小领导交流。口才不好的人，可以单独只和小领导交流。<br>2. 敬领导：称呼领导要尊重<br>等领导吃完口中的菜或讲完话之后，可以招呼一下领导，告知自己等会儿要交流或敬酒。<br>3. 有说辞：言真意切要有话<br>交流一定要注意自己的表达方式，这样领导会对你产生比较好的印象。<br>（1）感谢式说辞<br>即"谢心祝"，"谢"是感谢，"心"是心情，"祝"是祝福。<br>如：李总，真的要感谢您（感谢），要不是您的照顾，我的成长也不会这么快。我一直想找个机会向您当面说声"谢谢"（心情），今天正好趁这个机会，祝您身体健康、家庭幸福（祝福）。<br>（2）赞美式说辞<br>即"赞心祝"，"赞"是赞美，"心"是心情，"祝"是祝福。<br>如：李总，一直想向您当面请教如何当好项目经理。上次要不是您发现报表里的错误，我们项目真是要出大事，可能会损失不少。大家都夸您心细、认真，而且愿意帮助人（赞美），大家都愿意跟着您干（心情）。来，我祝您事业腾飞、家庭美满（祝福）。<br>（3）表态式说辞<br>即"表心祝"，"表"是表态，"心"是心情，"祝"是祝福。<br>如：李总，跟您一起工作时我的成长特别快，每天都特别开心（心情），我也很惭愧犯了一些错误，给您添了麻烦。在这里，我向您表态，从今天开始，我一定好好干，以后无论是工作、生活或其他方面有什么需要我效力的，只要您一句话，我立马往前冲（表态）。借今天这个场合，我祝您今后事事顺心、万事如意，也希望我们可以在您的领导下，各项工作都有更新、更高的突破（祝福）！<br>4. 显诚意：交流感情要投入<br>交流时要保持谦虚低调的原则，敬酒、敬茶时杯子要端得比领导低一点，以表达对领导的尊敬。 |
| 改错心得 | 在2018年7月5日与领导聚餐时，使用"表态式说辞"和领导交流，领导比较满意，以后自己再也不怕和领导主动交流了。 |

第六章

## 萃取态度

文化、态度、道德类主题属于软性素质，不容易量化，但应用萃取技术后还是可以萃取出内容，按照界定主题、转化行为、拆分流程、案例佐证等步骤就可以化抽象为具体、化隐性为显性。

## 第一节　萃取态度

"王老师好，您现在方便吗？"崔小白在微信上留言。

"方便的，你上次萃取错误的作业完成得不错！"王萃取鼓励道。

"谢谢老师的鼓励。"崔小白很高兴，在王萃取按部就班的指导下，他学会了很多针对不同内容的萃取技巧。

"你这边也要进一步加速，咱们现在的萃取需求越来越多，有时候我辅导你也不及时。"王萃取每月都要给10家以上的企业萃取经验，基本都在外边奔波。

"是的，希望我能尽快帮您分忧。"崔小白也希望自己有一天能出来做自由讲师，跟师傅一起传播与推广组织经验萃取技术。

"你最近在企业里调研到什么萃取需求了吗？"

"嗯，有一个部门经理觉得属下员工态度不认真、不细心，导致犯了几个错误，对后面的工作产生很大的影响。"崔小白说出现状，"老师，这个可以萃取吗？"

"这个虽然不好萃取,属于态度类的主题,但也可以试试。"王萃取回答道,他上个月刚给一家企业萃取过企业文化。

"那太好了,这次我就学习怎么萃取态度吧!"崔小白兴奋地回答。

"好的,那咱们开始吧!"

态度类主题包括态度、想法、素养、习惯,属于软技能范畴。内化于心,外化于行,但行为标准不容易量化,需要不断界定和抽离,才能拆分出具体的流程。

## 界定主题

态度类主题没有统一认识,在萃取与传播时就要先进行界定,避免因为理解不一致而导致误解。界定主题需要明确在什么领域、做到什么行为,相当于"态度=表现"。

案 例

**萃取态度中界定主题的举例**

【示例】萃取态度:细心

**界定主题**:在工作领域上关注细节行为。

【示例】萃取想法:靠自己

**界定主题**:在个人事情上首先靠自己,尽量靠自己。

【示例】萃取素养：守时

**界定主题**：遵守团体制订的时间要求。

【示例】萃取习惯：刷牙

**界定主题**：每天刷牙三次。

## 等同行为

态度类主题的表现要转化为等同行为，这样才能具象为动作，才能复制。等同行为可以是多个行为，也可以是一个典型的代表行为，可以用一句话进行描述，相当于"态度行为＝典型行为"。

> **案 例**
>
> **萃取态度中等同行为的举例**

【示例】萃取态度：细心

**界定主题**：在工作领域关注细节行为。

**等同行为**：给讲师发送确认信息时，顺便介绍当地天气情况。

【示例】萃取想法：靠自己

**界定主题**：在个人事情上首先靠自己，尽力靠自己。

**等同行为**：在学习上自己先看书、琢磨。

【示例】萃取素养：守时

**界定主题**：遵守团体制订的时间要求。

**等同行为**：按时吃饭，按时上班，按时赴约。

【示例】萃取习惯：刷牙

**界定主题**：每天刷牙三次。

**等同行为**：每天早、中、晚饭之后刷牙，每次不少于三分钟。

## 行为量化

态度类主题找到典型行为之后，就要对行为进行量化，把涉及时间、数量、标准等的要求量化清楚，不能存在模糊状态，不能用"少许""适量""马上"等词语。如果是多个等同行为，就都需要进行行为量化，为下一步抽离共性步骤做好准备。

> **案 例**
>
> **萃取态度中行为量化的举例**

【示例】萃取态度：细心

**界定主题**：在工作领域关注细节行为。

**等同行为**：给讲师发送确认信息时，顺便介绍当地天气情况。

**行为量化**：在给讲师发送行程信息时，顺便把讲师在驻地日的天气情况、提示穿衣情况以及交通信息、住宿/用餐情况、作息时间等做具体说明。

【示例】萃取想法：靠自己

**界定主题**：在个人事情上首先靠自己，尽量靠自己。

**等同行为**：在学习上自己先看书、琢磨。

**行为量化**：在学习时把能看懂的知识点梳理出结构图，遇到不懂的知识点，先把自己的问题罗列出来，然后尝试提供答案，去互联网上搜索信息，整理之后列出答案，实在不确定的地方再找精通的朋友进行确认，在调整中执行。

【示例】萃取素养：守时

**界定主题**：遵守团体制订的时间要求。

**等同行为**：按时吃饭，按时上班，按时赴约。

**行为量化**：能够在每次预约的前两小时查看、准备，为自己需要负责的事情做好准备，并且根据交通情况做预案，每次都能够提前10分钟以上到场。

【示例】萃取习惯：刷牙

**界定主题**：每天刷牙3次。

**等同行为**：每天早、中、晚饭之后刷牙，每次不少于3分钟。

**行为量化**：每次吃饭后的10分钟之内就去刷牙，每次刷牙的时间不会少于3分钟，能够设定闹钟作为提醒，避免遗忘。

## 抽离步骤

等同行为是态度类主题的个案，需要抽离出共性步骤，采用共性语言进行描述，这才完成了经验萃取。这个步骤在本书第二章萃取技能中的第四节牛招法、第五节要步法、第六节归纳法中都有类似内容，都需要从个案行为中抽离共性步骤。

要注意的是，个案中的操作步骤不一定就完全是主题的操作步骤，很可能只有一两个步骤是共性步骤，需要进行补充，才能形成最终的流程。

> **案 例**

## 萃取态度中抽离步骤的举例

**【示例】** 萃取态度：细心

**界定主题：** 在工作领域上关注细节行为。

**等同行为：** 给讲师发送确认信息时，顺便介绍当地天气情况。

**行为量化：** 在给讲师发送行程信息时，顺便把讲师在驻地日的天气情况、提示穿衣情况以及交通信息、住宿/用餐情况、作息时间做具体说明。

共性步骤：

1. 设想对方需求。
2. 提供解决方案。
3. 给予温馨提醒。

**【示例】** 萃取想法：靠自己

**界定主题：** 在个人事情上首先靠自己，尽力靠自己。

**等同行为：** 在学习上自己先看书、琢磨。

**行为量化：** 在学习时把能看懂的知识点梳理出结构图，遇到不懂的知识点，先把自己的问题罗列出来，然后尝试提供答案，再去互联网上搜索信息，整理之后列出答案，实在不确定的地方再找精通的朋友加以确认，在调整中执行。

共性步骤：

1. 树立信念。
2. 查找信息。
3. 制订方案。
4. 实施执行。

5. 纠正改变。

【示例】萃取素养：守时

**界定主题：** 遵守团体制订的时间要求。

**等同行为：** 按时吃饭，按时上班，按时赴约。

**行为量化：** 能够在每次预约时间的前两小时查看、准备，为自己需要负责的事情做好准备，并且根据交通状况做预案，每次都能够提前10分钟以上到场。

共性步骤：

1. 确认规矩。

2. 制订计划。

3. 备注提醒。

【示例】萃取习惯：刷牙

**界定主题：** 每天刷牙3次。

**等同行为：** 每天早、中、晚饭后刷牙，每次不少于3分钟。

**行为量化：** 每次吃饭后的10分钟之内就去刷牙，每次刷牙的时间不会少于3分钟，能够设定闹钟提醒，避免遗忘。

共性步骤：

1. 闹钟提醒。

2. 刷牙3分钟。

3. 记录刷牙信息。

## 第二节　萃取职业道德

"王老师好，萃取态度我使用了，还据此开发了一门新的课程！"崔小白开心地汇报进展。

"不错不错，你的执行力很强啊！"

"现在已经6月了，你们有没有把萃取技术结合到员工的培训中去？"王萃取结合培训节奏启发道。

"正打算这么做呢，业务部门领导很希望新员工在态度方面有所改变，进而促进行为的变化。"

"对新员工不仅是态度层面的辅导，道德、价值观层面都要内化呢，企业文化的培训特别重要！"

"是的，我正在着手开发这种课程呢，这不又来向您请教了。"

"别客气，咱们弟子班学员随时交流。你现在面临什么挑战呢？"

"职业道德是企业文化课程中领导很重视的一块内容，我希望跟您学习一下这方面的萃取技术。它与萃取态度有什么不同吗？"

"两者都属于文化层面的东西，都不好萃取。萃取态度只要在个案行为中抽离共性步骤就好，但萃取职业道德需要结合正反案例，分析利弊得失，最终促进学员选择正确的道德观。"王萃取解释道，"所以说，道德往往是一种选择，一个行为体现一种道德。"

"这样啊，具体内容还请老师赐教！"崔小白没想到王萃取对态度类主题研究得这么深，还有不同的萃取方式。

"好的，你准备一下，听我慢慢讲。"

道德类主题，如敬业、忠诚等是企业文化所提倡的，在新员工和新干部的培训中往往作为必修课。这里的道德往往指职业道德和商业道德，除非企业有明确要求，才会涉及个人品德、社会公德、家庭美德等内容，但道德类主题的萃取流程都是一样的。

道德类主题的萃取流程分为界定主题、正面案例、反面案例、利弊得失、行为选择5个流程，让道德在案例中得以体现，让选择在行为中得以衡量。

## 界定道德

道德类主题一定要提前界定，尤其是多人共创时，否则就会各说各话。界定主题，是为了更好地量化行为。

案 例

**忠诚**

**界定主题**：在一家公司踏实工作5年以上。

## 正面案例

寻找主题中正面成功的案例,作为支持道德主题的正面行为,不适宜找少见、夸张的案例,应该以身边、生活的现实案例为主,从而增强说服力。

> **案 例**

### 忠诚

**界定主题**:在一家公司踏实工作 5 年以上。

**正面案例**:李丽在公司工作了 10 年,现在是客服总监,是公司的中层干部。刚毕业时她做客服专员,一步步踏实工作,看着身边的同事不断地离职、入职,她觉得自己熟悉公司和岗位,只要好好干也会获得不错的发展。上司交代的每一件工作,她都会竭力完成,在公司获得了"靠谱"的赞誉。

## 反面案例

反面案例是为了把不守道德的后果放大,突出对个人的损失,可以适当夸大,让对比更加明显,但也要符合现实,避免过度夸张而让受众不信、不以为然,从而做无用功。

> **案 例**

### 忠诚

**界定主题**:在一家公司踏实工作 5 年以上。

**正面案例**:李丽在公司工作了 10 年,现在是客服总监,是公司的中层干部。刚毕业时她做客服专员,一步步踏实工作,看着身边的同事不断地离职、入职，她觉得自己熟悉公司和岗位，只要好好干也会获得不错的发展。上司交代的每一件工作，她都会竭力完成，在公司获得了"靠谱"的赞誉。

**反面案例**：张锋大学里学的是行政管理专业，毕业之后没有从事本专业相关的工作，做了他认为赚钱的工作——销售，但因为自己不会营建客户关系，干了半年还只是拿基本工资，他离职做了客服代表，没坚持一年又觉得没前途。就这样，他基本一年换一份工作，稍有不顺心就离职，到现在还做着普通员工的工作，他的领导比他小4岁，他更是感到不服，又在酝酿着换工作了。

## 利弊得失

正反案例对比之后，要把利弊得失盘点一下，从多个角度、多个指标进行对比，让受众得以更好、更准地理解不同行为所带来的不同结果。

案 例

### 忠诚

**界定主题**：在一家公司踏实工作5年以上。

**正面案例**：李丽在公司工作了10年，现在是客服总监，是公司里的中层干部。刚毕业时她做客服专员，一步步地踏实工作，看着身边的同事不断地离职、入职，她觉得自己熟悉公司和岗位，只要好好干也会获得不错的发展。上司交代的每一件工作，她都会竭力完成，在公司获得了"靠谱"的赞誉。

**反面案例**：张锋大学里学的行政管理专业，毕业之后没有从事本专业相关的工作，做了他认为赚钱的工作——销售，但因为自己不会营建客户关系，干了半年还只是拿基本工资，他离职做了客服代表，没坚持一年又觉得没前途。就这样，他基本一年换一份工作，稍有不顺心就离职，到现在还做着普通员工的工作，他的领导比他小4岁，他更是感到不服，又在酝酿着换工作了。

利弊得失：

**1.适应工作：**忠诚的员工熟悉工作，很容易把工作做到极致；不忠诚的员工因为总换工作，对行业、公司、岗位往往是陌生的，总是在不断地适应新环境。

**2.人际关系：**忠诚的员工对公司上下人员都十分熟悉，在公司上班就像回家一样，跟每个人都认识，都会打招呼；不忠诚的员工总是需要重新建立人际关系。

**3.得到重用：**公司倾向提拔和重用忠诚的员工，因为领导对其熟悉而放心；新来的员工往往只能做辅助性工作，很难得到重用。

**4.薪资福利：**在调薪时公司会额外给忠诚员工一定的照顾，尤其是福利方面会有很大倾斜；不忠诚的员工往往是得不到照顾。

**5.个人成长：**忠诚的员工因为工作顺利，稳步发展，有成就感、自尊、自信；不忠诚的员工诸事不顺，感觉被抛弃、没有自信、成长慢。

## 选择行为

明确了利益得失，明确倡导的行为是什么、反对的行为是什么，个人可以做什么选择、在做选择时要注意什么、不做选择会有什么后果，最后促使受众选择正面的行为，把价值观的选择等同于某个具体行为。

案例

## 忠诚

**界定主题**：在一家公司踏实工作5年以上。

**正面案例**：李丽在公司工作了10年，现在是客服总监，是公司里的中层干部。刚毕业时她做客服专员，一步步踏实工作，看着身边的同事不断地离职、入职，她觉得自己熟悉公司和岗位，只要好好干也会获得不错的发展。上司交代的每一件工作，她都会竭力完成，在公司获得了"靠谱"的赞誉。

**反面案例**：张锋大学里学的是行政管理专业，毕业之后没有从事本专业相关的工作，做了他认为赚钱的工作——销售，但因为自己不会营建客户关系，干了半年还只是拿基本工资，他离职做了客服代表，没坚持一年又觉得没前途。就这样，他基本一年换一份工作，稍有不顺心就离职，到现在还做着普通员工的工作，他的领导比他小四岁，他更是感到不服，又在酝酿着换工作了。

利弊得失：

**1. 适应工作**：忠诚的员工熟悉工作，很容易把工作做到极致；不忠诚的员工因为总换工作，对行业、公司、岗位往往是陌生的，总是在不断地适应新环境。

**2. 人际关系**：忠诚的员工对公司上下人员都十分熟悉，在公司上班就像回家一样，跟每个人都认识，都会打招呼；不忠诚的员工总是需要重新建立人际关系。

**3. 得到重用**：公司倾向提拔和重用忠诚的员工，领导因为对其熟悉而放心；新来的员工往往只能做辅助性工作，很难得到重用。

**4. 薪资福利**：在调薪时公司会额外给忠诚员工一定的照顾，尤其是福利方面会有很大倾斜；不忠诚的员工往往是得不到照顾。

5. **个人成长**：忠诚的员工因为工作顺利稳步发展，有成就感、自尊、自信；不忠诚的员工诸事不顺，感觉被抛弃、没有自信、成长慢。

行为选择：

1. **倡导行为**：一个岗位工作3年以上。

2. **反对行为**：不足半年就调换岗位或离职。

3. **最佳选择**：在一家公司工作5年以上，在一个岗位工作3年以上。

4. **折中选择**：在一家公司工作3年以上，在一个岗位工作2年以上。

5. **最差选择**：在一家公司工作不到一年。

## 第三节　萃取价值观

"老师，您说的萃取职业道德，让我豁然开朗。"崔小白说出自己的心得。

"好的，你要学以致用啊！"王萃取叮嘱道。

"老师，价值观怎么萃取呢？我打算学完萃取价值观之后，把新员工培训的企业文化课程整体更新一下。"

"嗯，这样更好，道德、价值观是一类主题，一起搞明白了，有助于练习和设计课程。"王萃取也希望弟子更快成长，"你觉得什么是价值观呢？"

"价值观，我的理解是个人认为什么是重要的，老师您认为呢？"

"你的理解正确，价值观就是主观倾向，是个人在成长过程中形成的固化的、难以改变的各种取向，在工作中就是职业价值观。"

"是啊，价值观是很难改变的，所以我不知道该怎么萃取。"崔小白为难地提出了问题。

"价值观的确难以改变，没有大悲大喜，人们很难改变，单纯的说教更是没用，一定要结合痛点才能产生影响。"王萃取解释道，"咱们本次交流的重点是价值观的萃取，把价值观主题拆分为具体的行为流程，形成经验，相对还是比较容易操作的。"

"是的，咱们先聚焦价值观的萃取吧。"

价值观类主题，诸如没有工作就没有生活、工作就是生意、工作都是辛苦的、上司都是坏人、老板都抠门、同事都是竞争对手等都属于价值观，企业往往只萃取职业价值观，对个人的生活观、世界观、人生观并不关心，所以一般不会将后者作为主题进行萃取。

价值观类主题的萃取，一般分为界定主题、影响作用、投入程度、行为流程等4个步骤，把价值观逐步量化为具体的操作行为，以便让价值观落地可复制。

### 界定价值观

价值观的界定是行为量化的前提，要把抽象的、不容易定标准的价值观具体为某个表现，一般用一个句子来描述价值观的边界。

**案 例**

**坚持学习**

**界定主题**：在工作领域要不断学习。

### 价值作用

价值观的影响作用是指秉持这个价值观对个人带来的正向良好的结果表现，或不秉持这个价值观对个人造成的负面影响，一般只从一个角度阐述就可以。让受众明确知道价值观的重要性，尤其要结合个人成长关联好处或坏处。

> **案 例**

**坚持学习**

**界定主题**：在工作领域要不断学习。
**明确作用**：不会学习，就不会成长。

## 投入程度

价值观对个人的影响大小与投入程度的多少密切相关，觉得重要就会多投入时间、精力、物质等资源，反之就会少投入或不投入。在萃取价值观时明确理想的投入程度，就是在澄清自己在多大范围、多大程度上坚守价值观，这直接影响着后面的量化流程。

> **案 例**

**坚持学习**

**界定主题**：在工作领域要不断学习。
**明确作用**：不会学习，就不会成长。
**投入程度**：每周六都要学习、充电，工作业务提升要靠多种方式进行学习。

## 行为流程

价值观的秉持，需要通过多个行为的坚持才能判定是否一致。因此要从价值观主题的属性——维度进行行为界定，由此在行为的执行中践行价值观。比如有的男生说自己的价值观是对爱情忠诚，但从现实看，其同时交往多个女朋友、愿意和有多个女友的男性交朋友……由此，可以判定此人没有坚守自己所说的价值观。

不同价值观的属性不一样，一般主题的属性可以从人、事、行为、工具、环境、结果等大的方面进行梳理，具体的属性要结合主题的类型进行确定，维度的梳理就相当于主题的操作步骤了。

步骤确定之后，需要对行为进行量化，要把涉及的动作标准说清楚，不能含糊，以便可以具体执行，参照本书第三章第二节的量化行为即可。

**案 例**

### 坚持学习

**界定主题**：在工作领域要不断学习。

**明确作用**：不会学习，就不会成长。

**投入程度**：每周六都要学习、充电，工作业务提升要靠多种方式进行学习。

梳理步骤：

1. 查看书本学习。

2. 观看视频学习。

3. 参加活动学习。

4. 解决问题学习。

5. 采访他人学习。

第七章

# 萃取知识

知识类主题是最难萃取的，它包括改造旧知和创造新知两个方面，建构或研究理论才会用到，比如有的企业大学要出研究性的著作，就可以用萃取知识的方法来做。知识萃取出来的经验类型一般是体系、理论、模型、技术、方法、工具、术语等，呈现方式往往是图书或论文。

## 第一节 改造旧知

"态度类主题萃取学完之后，咱们要学最难的主题萃取了。"王萃取在定期沟通会上跟崔小白说。

"还有什么主题比态度类更难萃取呢？我花了一个多月时间才完成新员工的企业文化课程，感觉这已经很难了！"崔小白的下一步打算是把新干部的"管理角色转变"课程更新一下。

"有的，就是知识类主题，这个放在最后来讲，就是因为它是最难萃取的，萃取的经验级别也是最高的。"

"是吗？萃取知识具体是指什么？"

"知识类主题就是改造或创新知识，咱们萃取技术开创了一个理论流派，就是在创新新知。"王萃取解释道，"咱们先来看一下知识管理矩阵。"如图7-1所示：

## 第七章 萃取知识

**你的知识过时了吗**

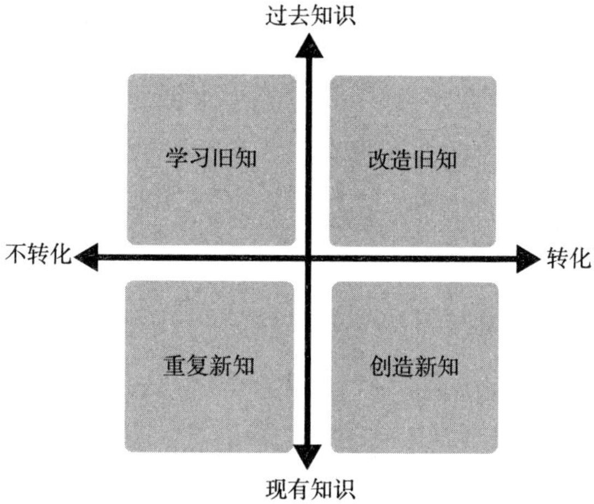

```
            过去知识
              ↑
      ┌────────┬────────┐
      │ 学习旧知│ 改造旧知│
      │        │        │
      └────────┼────────┘
不转化 ←───────┼───────→ 转化
      ┌────────┼────────┐
      │ 重复新知│ 创造新知│
      │        │        │
      └────────┴────────┘
              ↓
            现有知识
```

图7-1　知识管理矩阵

"过去知识是指前辈所建立的知识，现有知识是指自己建立的知识，这里的知识是广义的，包括理论体系、方法工具、术语模型、口诀流程等多种形式。转化是经过主体的思考，加以调整、修正、变化、使用，即所谓的'过脑子'，从'大师的话'到'自己的话'，不转化就是完全继承、使用了。"王萃取说道。

"看来，我跟您学习萃取技术，就是'学习旧知'呢？"崔小白对二维矩阵已经很熟悉了，他曾经在王萃取的指导下专门练习过矩阵。

"是的，你在学习我创新的知识，对你而言就是'不转化'地学习'过去知识'，如果我提问你学到了什么，你的回答就是在'重复新知'；如果你用在企业里是经过优化的萃取技术，就是'改造旧知'；我不断研究产出的理论、方法、工具，就是在'创造新知'。"王萃取运用弟子的学习经历解读知识管理矩阵。

"嗯，老师的解读很清晰，我以后也要跟您一起创造新知！"崔小白知道弟子班的培养协议上有王萃取带领大家写书的条款。

"那你就尽快学习吧，春节期间我会带领大家一起写书。"王萃取说出了自己的计划，他也希望带领弟子一起发展、扩大萃取技术在国内的影响。

"好的，老师，我一定加油，到时您告诉我怎么做就好，我一定全力以赴！"

"好的，咱们下面还是继续聊怎么改造旧知，你准备一下。"

对于过去的知识进行改造、应用、转化，就属于改造旧知。旧知改造包括对理论的解读、对术语的解释、对工具的解法、对问题的解剖、对应用的解决等，总之要对旧知进行再加工，而不是照搬直接使用，这样在转化过程中产生新的用法，方便受众使用。

**对理论的解读**

入门学习和深度研究时都需要研究前辈的理论，在准确、全面理解的基础上就可以加入个人的因素进行改造，在原有理论上补充，因为加入了个人的理解，在使用时就会更方便。

理论的解读，可以基于原有理论，加入个人理解的词汇作为转述，然后与原有理论一起呈现，再加上个人的针对性案例。

## 案例

### 罗伯特·迪尔茨的逻辑层次

罗伯特·迪尔茨的逻辑层次理论，在探寻个人需求层次上有6个层面：愿景、身份、价值观、能力、行为/行动、环境。具体切入的层面可以自上而下或自下而上进行，探寻到对方认同的层面方可结束。

王萃取在其中加入了个人的理解，采用重字诀进行解读，如图7-2所示：

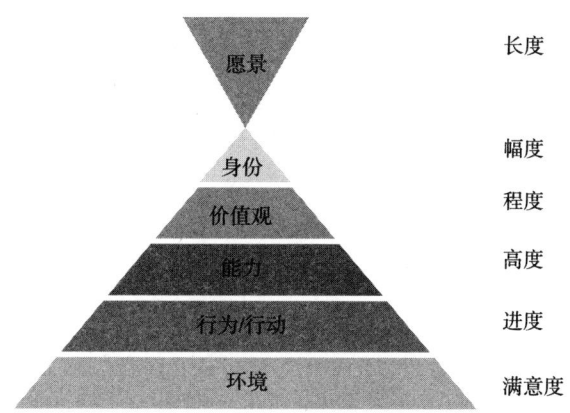

图7-2 逻辑层次举例

愿景决定了长度，个人能够坚持多久取决于愿景。如果时间很短就放弃，那就意味着不是他的愿景，两者的关系是相互验证和判断的，下面的因素也是如此。

身份决定着思考的幅度，即多个角色、多个角度进行思考。比如一个中学生打架时只想到自己当时的心情，一个成年人就会想想老婆、孩子、父母，多角色思考。

价值观决定投入程度，重视不多、投入不多就是价值观不合。比如老板口头说重视培训，但在实际工作不给予经费、不允许占用工作日，这就是投入程度不高，说明老板觉得培训没那么重要。

能力决定高度，一个人的综合能力最终决定了位置高低。一个人混得差，多个方面能力都会差；一个人混得好，方方面面的能力都会很强，他会不断学习，不断提升自己。

行为/行动决定进度，进度没跟上，就是因为没有或没完成相应的行为/行动。比如，一个员工在萃取培训时没完成对成功个案的撰写，别的学员都做完了，那么他在行为/行动层面就没跟上。

环境决定满意度，一个人满意与否，往往是对所处环境的反映。比如，上司在问新员工是否满意时，他就会说所在的工作环境问题，如人际关系、办公条件、用餐环境等诸多环境因素，他的满意度是对当下所处环境的主观评价。

## 对术语的解释

术语是领域发展的重要概念，一个人的理论贡献往往就是提出了什么理论，最终成为行业共识——术语。比如，王萃取在组织经验萃取领域提出萃取技术这个术语。衡量一个人是否入门，要看他懂得多少行业术语，能解释清楚多少个术语。

对术语的解释，即在充分理解原文的情况下，提取关键词，转化难懂费解的词语，形成新的术语解读。

### 案例

### 知识管理

组织经验萃取属于知识管理范畴，王萃取入行时就曾专门研究过知识管理的教材。

知识管理是指在组织中构建一个量化与质化的知识系统，让组织中的资讯与知识，通过获得、创造、分享、整合、记录、存取、更新、创新等过程，不断地回馈到知识系统内，形成永不间断的累积的个人与组织的知识，成为组织智慧的循环，在企业组织中成为管理与应用的智慧资本，有助于企业做出正确的决策，以适应市场的变迁。这是书上的权威解释，王萃取经过理解，最终提出如下解释：

知识管理，就是把组织中的各类知识进行萃取、存储、分享、应用、迭代，让组织智慧在组织内部形成良性永续的循环。

## 对工具的解法

每个领域都会产生大量的方法、工具，使理论在应用中得以落地。对工具进行解法，相当于对工具进行补充、说明，制作使用说明书，让新手更容易上手。

对工具的解法，可以在原工具的基础上进行改良，然后标注使用说明，辅以案例佐证。

**案 例**

### 生命线

生命线是职业生涯管理中回顾和展望个人大事件的一个工具，原来生命线只局限于正面事件，后来王萃取对其加以补充，把负面大事件也标注出来。生命线上方标注成就事件，下方标注负面事件，能够让人全面回顾和展望生涯历程。

接下来，王萃取举了一个案例，在上方用红色字体标注成就事件，在下面用黑色字体标注负面事件。如图7-3所示：

正向事件上标注，负向事件下标注

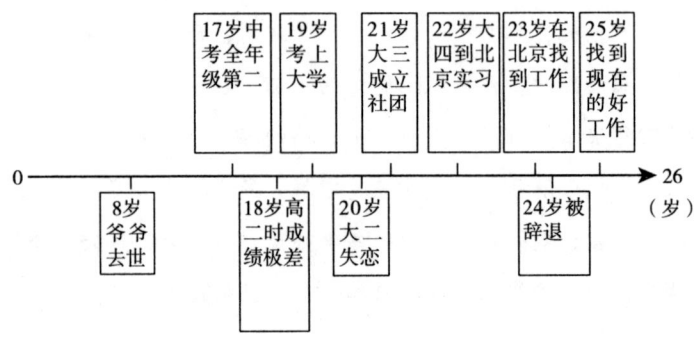

图7-3 生命线举例

## 对问题的解剖

在一个领域内盘点常见问题，然后用口诀进行优化，最后用案例解释，就完成了对典型问题的解剖。这侧面证明了个人对领域的研究是否透彻、洞察是否准确、总结是否到位。

> **案 例**
>
> ### 国人在求学、就业、择偶方面的失误
>
> 国人在求学、就业、择偶方面频频失误。王萃取的总结是家长没有把"决策权"和"选择权"分清楚，没有培养孩子做决策和做选择的能力，导致孩子在重大问题上看错、选错。当然，决策权与选择权是相对的，可以理解为决策权是一级目录，选择权是二级目录，两者属于包含关系。
>
> 比如，让不让孩子吃肯德基就是决策权，如果偶尔带着孩子吃一次，到店了吃什么东西就是选择权。很多家长是两种权力都要，导致

孩子从小不会做选择，不知道在选择前应该要做什么、想什么，长此以往，就不会做选择了。

### 大学生找不到工作的原因

大学生找不到工作的原因，王萃取总结的是"所学非所好、所愿非所能"。自己学了几年的专业不喜欢，没有找专业对口的工作；想找的工作因为上学期间没有学习相应知识、考取相应证书、实习相应岗位，导致用人方怀疑其胜任能力，拒绝录用。

### 业务专家萃取不出经验

业务专家萃取不出经验的原因王萃取总结的是专家是"手中有、口中无、没框架"，就是说业务专家自己会做得很好，但很难说清楚是怎么做到的，这就是因为缺少总结的框架。

## 对应用的解决

学习理论的目的是为了应用，改造旧知时完全可以从受众的典型问题出发，结合原有理论方法，提出具体的解决方案或实施步骤，让"学以致用"即刻体现在实际问题的解决上。

要注意的是，实际问题的解决是对综合能力的考验，没有几年的系统研究很难提出对一个问题的简单有效的解决方案，而且解决方案还要在一定程度上被检验，这样才能得到受众认同。

**案例**

### 萃取在写作中的应用

萃取技术可以快速总结经验，促进写作成文，具体的流程如下：

1. 萃取经验出步骤；

2. 步骤口诀化；

3. 经验可量化；

4. 标题；

5. 案例导入；

6. 经验概述（总）；

7. 步骤展开（分）；

8. 价值总结（总）。

王萃取应用萃取技术，带领很多企业进行最佳实践萃取，然后写成案例，让学员在轻松的氛围中萃取，在框架中写作，快速沉淀经验，得出成果。

## 第二节 创造新知

"萃取技术就是您创造的新知吧?"崔小白继续请教。

"是的,是我在前辈肩膀上发展壮大的,创造了体系、模型、方法、工具、术语等。"王萃取经过九年多的学习、研究,最终把组织经验萃取技术发展成一个理论派别。

"您是怎么一步步创建萃取技术这个理论派别的呢?"

"这要从2009年说起,那时我参与了一个咨询项目,帮助班组长总结经验,然后写成案例。我觉得这是一个为企业服务的好方向,后来就开始逐步研究,在一次公开课上与学员交流,最终确定命名为萃取技术,可以应用在个人经验萃取和组织经验萃取等领域。"王萃取娓娓道来,经过多年的发展,王萃取已经把萃取技术发展成一个独立而丰富的理论,计划出版《个人式萃取》《访谈式萃取》《共创式萃取》《萃取师的工具箱》等一系列图书。

"萃取技术真是好个名字,主要是实用、好用、易用。"崔小白由衷地称赞。

"今天,我就把怎么创造新知这个本事与你分享,让你可以进一步发展咱们的萃取技术,不断创新理论、引领实践。"

"好的,谢谢老师。"

基于一个领域在"转化"中产出"现有知识"就是创造新知,这是证明研究者专业和专注的验证方式,也是特别难的层次。绝大多数培训师都是知识的传播者,在"转化"中应用"过去知识",属于"改造旧知",如果"不转化"直接使用,就属于"重复旧知"。王萃取一直致力于新知的创造,不断发展萃取技术的工具和方法。

创造新知,从术语、方法、工具到模型、体系都是新创造的。基于某个主题进行建构、创造,然后再加以解释、示范,在业内普遍使用之后,就会形成行业规范、规则。

## 创术语

术语是领域的专业名词,承载着知识点,是理论研究的一种命名。术语确定之后,需要进行解释,拆分为要点或操作步骤,必要时还要辅以案例证明、解释,这样才能理解、使用。

**案 例**

### 萃取技术

萃取技术,是对个人与组织最佳实践的提炼、分析、总结、表达、应用的一套技术的统称。借用化学的术语——萃取,类比提炼精华的含义,在组织经验萃取领域,称之为组织经验萃取技术,简称萃取技术。

萃取技术具体分为:

1. 链接技术；

2. 访谈技术；

3. 催化技术；

4. 发散技术；

5. 分析技术；

6. 收敛技术；

7. 总结技术；

8. 表达技术。

## 个人经验萃取

个人经验萃取，是指萃取师萃取自己的经验。具体步骤如下：

1. 定领域：确定当次萃取领域；

2. 定主题：确定值得萃取主题；

3. 定属性：确定知识态度技能；

4. 定经验：确定经验萃取完成；

5. 定成果：确定成果呈现形式；

6. 定传播：确定传播扩散途径。

## 访谈式萃取

访谈式萃取，是指萃取师通过访谈萃取他人的经验。具体步骤如下：

1. 确定主题；

2. 回顾成功个案；

3. 萃取牛招；

4. 拆分步骤；

5. 难点提醒。

### 共创式萃取

共创式萃取，是指萃取师通过萃取技术汇集众人的智慧，最终形成一定的经验类型和成果。具体步骤如下：

1. 确定主题；

2. 设计团体萃取工作坊；

3. 界定主题；

4. 萃取团体智慧；

5. 转化经验类型；

6. 输出成果。

### 混合式萃取

混合式萃取，是指萃取师组合个人经验萃取、访谈式萃取、共创式萃取三种萃取方式，结合主题和学员情况，采用的几种组合的萃取方式。

1. 个人经验萃取＋访谈式萃取；

2. 个人经验萃取＋共创式萃取；

3. 访谈式萃取＋共创式萃取；

4. 个人经验萃取＋访谈式萃取＋共创式萃取。

## 创方法

方法是一类主题或问题的解决框架。方法是务实落地的理论应用，没有方法，理论研究就只能停留在书本上，就不能解决实际问题。

一个主题或问题的方法，可以是单个维度或多个维度的集成，最主要的还是落地为操作步骤，然后辅以行为量化，对难点、重点做提示，必要时辅以案例解释。

**案 例**

### 透析自我现状

"五所"环，可以快速透析个人的现状。

1. 盘点"所做"。

当下在做什么行为/行动？

比如，每天都在看《萃取技术·模型篇》。

2. 关联"所学"。

所做行为是否与打算要学的东西有关？

比如，个人制订了为期3个月的学习萃取技术的计划。

3. 契合"所好"。

所做行为是否是自己的爱好？

比如，个人现在对萃取技术有浓厚的兴趣。

4. 提升"所能"。

所做行为是否能提高自己计划的能力？

比如，看书学习萃取技术的基础知识，练习促进对萃取技术的掌握，有助于提升自己的萃取能力。

5. 满足"所愿"。

所做行为是否支持、促进愿望的实现？

比如，个人的愿望是两年之内成为合格的萃取师。

6. 行为评估/改善。

当下"所做"与"所学""所好""所能""所愿"一致，坚持、保持就可以。如图 7-4 所示：

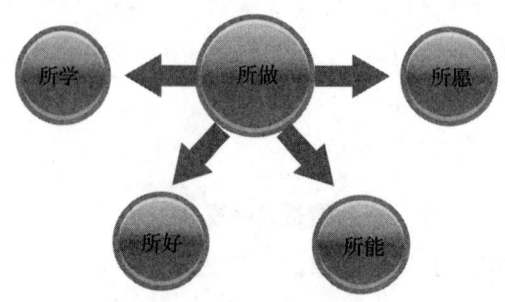

图7-4　透视自我现状

## 快速充电的方法

学习充电怎么才能快一点，王萃取总结了 5 种方法，可以独立使用或者组合使用。

1. 抄或编一本书。

抄写是指转述 50% 以上的内容，在解读中深度学习；编写是指整合前辈的图书目录，重新列出一本书的目录，然后编写内容。

2. 访问 30 位业内人士。

在喜欢的领域访谈 30 位以上业内人士，每次访谈要准备 3 个可能难住对方的问题，在准备中逼迫自己去学习、研读对方的文章、著作，在准备中学习。

3. 研究式论文。

在高校或研究岗位工作的人，可以通过研究一个主题写成一篇论文，按照论文的要求去查资料、学习。

4. 教一个人。

知识留存度最高的学习方式是"教中学"。尝试去教一个新人，自己会做更多准备、学习,在备课中提升自我。给别人一瓢水,自己要先准备一缸水,这就是"主观为自己,客观帮他人"。

5.组建一个圈子。

组建一个研究领域的圈子,定期举办学习会,形成相互监督、帮助的机制,在群体学习、交流中提升,在群体帮扶、监督中进步。如图7-5所示:

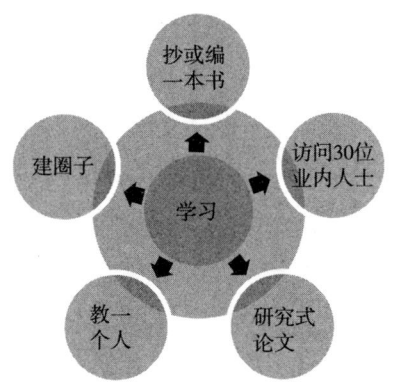

图7-5 快速学习充电的方法

## 创工具

工具也是一种解决问题的框架,具有简单、好用、易复制的特点。工具的类型多样,常见的有公式、矩阵、表格、量表、模板、九宫格等不同形式,本书只以矩阵、表格式工具为例。

工具要有名字,才好传播;工具要有指标,才好使用;工具要有说明,才能用好。复杂的工具还要有案例辅以解释,在示范中让受众学会使用工具。

> 案 例

**组织经验四化矩阵**

经验分为隐性经验和显性经验,经验的使用主体分为个人和团体。两个维度组成二维矩阵,就是组织经验四化矩阵。如图7-6所示:

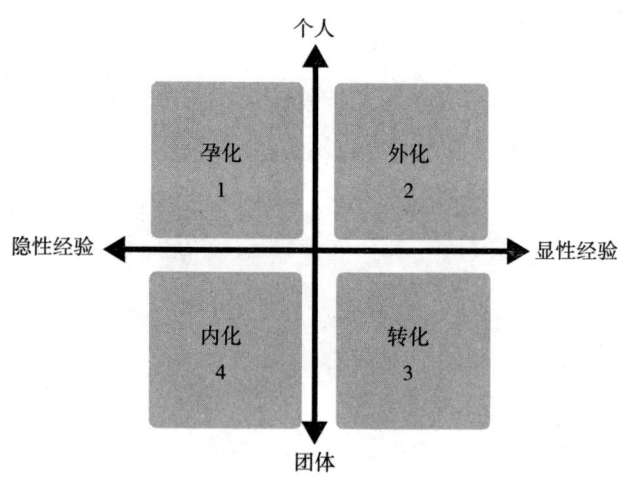

图7-6 组织经验四化矩阵

1. 经验孕化。

个人携带着很多隐性经验,这是经验的孕化阶段,需要组织提供时机才能产出经验。

2. 经验外化。

组织举办经验萃取培训,借助萃取技术使个人隐性经验成为显性经验,这是经验外化阶段。

3. 经验转化。

个人的显性经验在组织内部推广、应用,这是经验转化阶段。

4. 经验内化。

组织内部员工多次使用之后成为工作习惯,这是经验内化阶段。

## 经验定位表

萃取经验时要先对主题进行界定和定位,从全局角度明确经验的萃取和使用,为后面的经验萃取和经验呈现环节做准备。

1. 按序填写。

需要按照顺序逐步填写经验定位表,因为前后有一定的关联性。

2. 参考范例。

如表7-1中第二列提供了参考范例,可以参考填写自己的经验定位表。有多个选项时可以看加粗的字体,就是示范性选择。公司规定的统一选项,直接填写,无须再自行思考。

3. 不懂就问。

填写过程中有任何不清楚的地方,请第一时间询问萃取师,以便更快更准确地完成。

表7-1 经验定位表

| 经验项目 | 参考范例 | 填写内容 |
| --- | --- | --- |
| 经验名称(暂定) | 如何推动跨部门合作 | |
| 经验萃取背景 | 行业/公司层面<br>人员不会/经验流失 | |
| 经验使用对象 | 项目经理 | |
| 经验所属类型 | 知识/**技能**/态度 | |
| 经验使用方向<br>(何时用) | 跨部门同事沟通时 | |
| 经验内容时长 | 时间/字数,如3小时 | |
| 经验萃取类型 | **流程**/**工具**/方法/口诀/模型 | |

（续表）

| 经验项目 | 参考范例 | 填写内容 |
|---|---|---|
| 经验呈现方式 | 微课／**短课**／大课／案例／手册／剧本／图书／视频／音频 | |
| 经验推广时机 | 新员工培训时 | |
| 经验使用价值 | 提高工作效率／提升工作质量／提振工作业绩 | |

**创模型**

模型，是指对理论研究的高度抽象化框架，一般可以分为做事类模型、带人类模型、流程类模型等。

模型的类型有汉字模型、英文模型、图表模型、象征物模型。如图7-7所示：

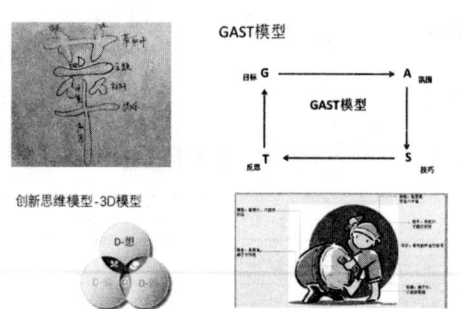

图7-7　模型举例

模型的创建需要有名字、模型图、解说词，稍为复杂的模型还需要案例辅以解释。

模型解说词：萃取师是经验萃取的引领人，主题是经验萃取的聚焦点，标杆是经验贡献者，萃取是经验萃取的方式和关键环节，呈现是经验显性化的载体，审核是个人经验到组织经验的必经过程，应用是经验萃取的初衷和主旨。如图7-8所示：

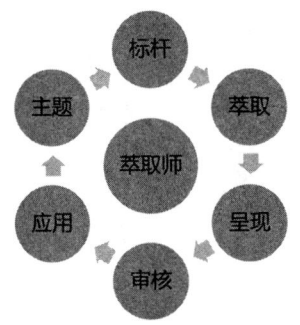

图7-8　组织经验萃取模型举例

这是组织经验萃取模型的简版解说词，但这个模型是很复杂的，要想彻底说清楚往往需要一本书的篇幅。

## 创体系

体系是指系统全面研究的理论框架，覆盖的内容、维度、层次更多，体系包括了若干理论、方法、工具、术语，是一种最高的经验类型。王萃取在职业生涯管理和组织经验萃取领域都有体系的构建。

体系的构建，需要以一个维度为主，然后将其分类分层为若干情况，加上关键指标的辅助解读，最后按照模型的方式进行排版，以形成体系结构。

案　例

**职业生涯管理体系**

王萃取曾经研究了10年职业生涯管理，在借鉴前辈理论的基础上总结了职业生涯管理体系，把职业生涯划分为4期10段。如图7-9所示：

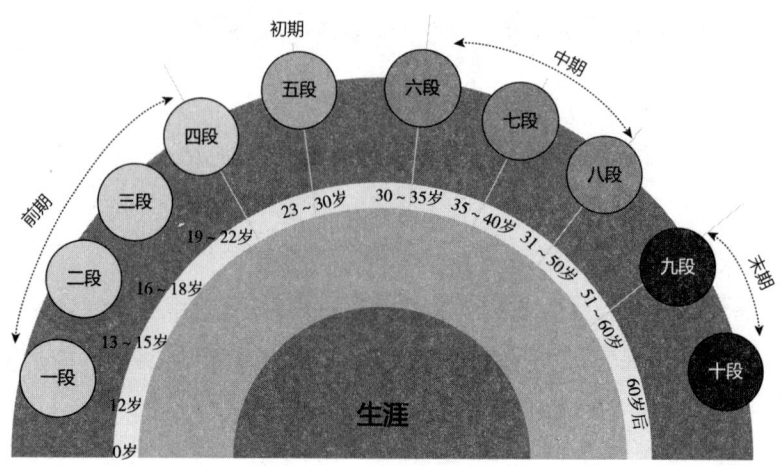

图7-9 职业生涯阶段

职业生涯前期,在年龄上是工作之前,一般在22岁左右,分为小学、初中、高中、大学4个阶段。此时处于职业生涯的成长和探索期。

职业生涯初期,是指工作的头7年左右,年龄一般是30岁前。此时处于职业生涯的建立期。

职业生涯中期,是职业生涯的黄金时期,年龄跨度是31~50岁,分为3个阶段。此时处于职业生涯的维持期。

职业生涯末期,职业生涯的衰退时期,年龄跨度是51~60岁、60岁~65岁两个阶段。

王萃取建立了一个公众号(职业生涯管理)对职业生涯管理体系进行解释。关注这个公众号,回复自己的年龄,如25岁,会获取相应的职业生涯阶段的内容。二维码见下图所示。

图7-10 职业生涯管理公众号

## 萃取技术体系

王萃取经过多年的研究,把萃取技术发展为一个理论体系。如图7-11所示:

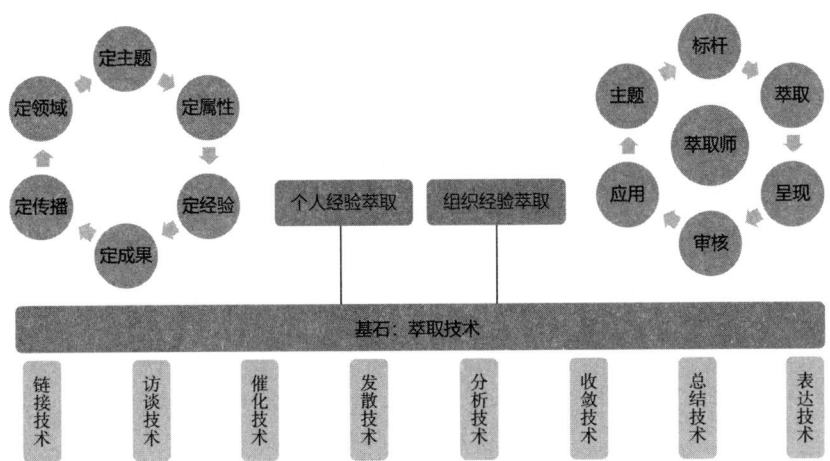

图7-11 萃取技术体系

1. 萃取技术。

萃取技术是萃取技术体系的基石,包括链接技术、访谈技术、催化技术、发散技术、分析技术、收敛技术、总结技术、表达技术。

2. 组织经验萃取。

萃取技术在组织领域的应用是组织经验萃取模型。

3. 个人经验萃取。

萃取技术在个人领域的应用就是个人经验萃取六定模型,本书就是专门介绍个人经验萃取模型。

第八章

# 个人经验萃取的核心能力

个人经验萃取是最直接最好用的萃取方式,能够萃取各种主题或问题,背后是萃取能力的体现。个人经验萃取的核心能力有澄清力、提炼力、转化力、表达力、传播力。要想萃取得好,能力不能少,不断修炼萃取能力,方能不断取得萃取成果。

## 第一节 澄清力

"小白,接下来咱们要修炼萃取能力了。"王萃取说出下一阶段的培养任务。

"好的,谢谢老师,萃取能力与萃取技术的关系是什么?您之前教我的内容属于技术还是能力?"崔小白说出心中的困惑。

"之前学的属于萃取技术的应用,就是怎么用萃取技术萃取经验,是萃取技术本身的知识。现在学习的是萃取能力,就是怎么提高萃取师自身的能力。"王萃取解释道,"萃取能力的提升是萃取师的基础与核心,很多人学了萃取技术但还是不会萃取,就是因为自身的萃取能力没有得到提高。"

"嗯,我说怎么同样的主题您萃取就手到擒来,我萃取就很吃力,原来是萃取能力修炼得不到位!"崔小白恍然大悟。

"是的,萃取能力不是一时半会儿就可以提高的,咱们一步步练习,这样才能有所改善,萃取技术本来就是一个应用学科，必须在实践中才能体现价值。"王萃取进一步解释道，"第一项能力就是学会澄清，否则一团糟就无法提炼了。"

"太好了，听从老师的教诲。"

澄清是指能够把主题的不同属性和类型区分开，从而按照一定的逻辑进行排序，这样才能从繁杂的信息中提取有效经验。澄清是一种能力，需要多加练习才能具备。不会澄清，就像在网络上找资料，虽然信息多如海，但还是找不到真正需要的信息。

## 澄清属性

每个主题都有多个属性，属性就是主题的一种性质，澄清能力要求能够区分开主题的不同属性，每个属性就是一个维度。属性的澄清，要多角度思考，同时要对主题有一定的了解和调研。常用的工具就是气泡图。

气泡图是把主题写在中间，然后多角度、不限制地发散主题性质，一般是至少发散 10 种。如果思维受限了，就从其他维度进行思考。有意识地对身边主题进行发散，一般练习 10 个以上的主题，就会对属性澄清有感觉了。

**案 例**

### 气泡图：如何处理夫妻关系

如何处理夫妻关系，这个主题可以用气泡图进行多个维度的发散。主题在中间，属性在外围，直到穷尽当下智慧为止。如图 8-1

所示：

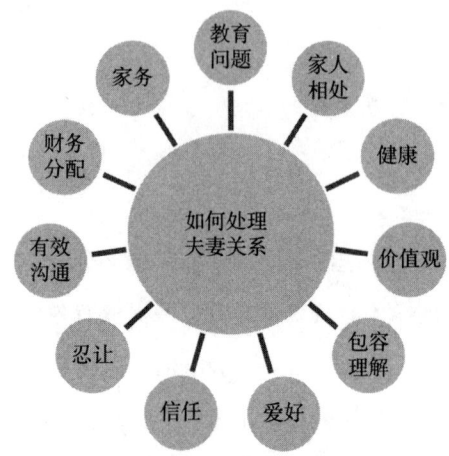

图8-1 气泡图部分举例

## 快速分类

如果用一句话证明你是专家，你会说什么？

只要你说"看情况"或"不一定"，不是专家也像专家了。

"看情况"或"不一定"，背后就是分类，专家知道很多种情况，所以要"看情况"；经验、措施、手段是否有效，需要考虑很多变量，所以是"不一定"。专家都会分类，这样才能有针对性地做出应对。

萃取师基于主题的属性，可以进行快速分类。在萃取经验时一个属性就是一类，所以快速分类需要基于澄清的属性。

根据需要，可以把主题分为2种、3种、4种、5种、多种类别，分类数量一般最多是10种，这是从传播角度考虑的。当然，如果是总结多种情况，数量就不受限制，比如22种提高创意的方法、18种经验呈现的方式、15种标题起名的方式。

根据属性进行分类之后,可以用口诀优化,这样显得更专业,也更好传播。

> **案 例**
>
> **主题分类(重字诀)**
>
> **优秀员工的三感**:责任感、团队感、使命感。
>
> **四种男人**:有才有德是上品,有才无德是良品,无才有德是次品,无才无德是废品。
>
> **拖延症的五种心态**:等一等、歇一歇、换一换、拖一拖、想一想。
>
> **夫妻关系的六种类型**:亲密型、怨偶型、鸟巢型、平顺型、共修型、战斗型。
>
> **快乐人生有七点**:身体强一点、心里爽一点、习惯好一点、思路广一点、胆子大一点、脾气小一点、嘴巴甜一点。

## 第二节　提炼力

"澄清力是萃取师必备的第一能力，学会澄清了，才能从纷繁复杂的信息中找到经验的金矿。"王萃取总结澄清力的价值。

"是的，学会澄清，就像有了一双看清世界的明亮眼睛。"崔小白说出自己的心得，之前萃取经验总是感觉一团糟，梳理信息很多，但总感觉没用。

"澄清之后是提炼，提炼是从金矿里找到金子，这步做到了才算萃取出了经验。"

"这一步就是您说的'人与经验的分离'吧？"

"是的，这是至关重要的一步，萃取能力狭义地说就是提炼力。"

"提炼力的修炼很难吧？"崔小白有些担忧。

"确实很难，在澄清的基础上需要归纳共性、识别个性、分析特性，多次练习之后才会有所改善。"王萃取进一步解释道，"咱们准备开练吧！"

"好的，老师。"

## 第八章
个人经验萃取的核心能力

提炼力是萃取能力的核心，无论是个人式萃取、访谈式萃取，还是共创式萃取、混合式萃取，都是萃取师必备的核心能力。萃取能力狭义地说就是指提炼力。

提炼力是指萃取师能够从个案中提炼相同点，这是归纳共性；能够识别个案中的不同点，这是识别个性；能够分析个案中的独特之处，确定差异点，这是分析特性。

## 归纳共性

在实际的经验萃取中，分析自身多个行为或者多个事件时，要能够归类，从个案中归纳出共性——"哪些一个样"，用动宾短语描述，由此完成共性归纳。要注意的是，这是不完全归纳，仅仅通过几个事件或行为上升为共性，因为在实际的萃取中没有更多时间去听更多的个案。

比如，孩子得知父母十分生气时，往往是因为父母叫了其大名。因为孩子发现，每次父母叫自己的大名时都没好事，自己要么被训斥，要么受体罚、挨打，由此孩子总结出了共性。

共性的归纳，就是看有两个及两个以上的一类行为，或是行为指向了一类属性，这时就可以总结或提升为一个维度。所以，要对主题的普遍属性有了解，比如主题可以分为流程、工具等不同层面，可以分为动作、逻辑、大小、轻重、时间、空间等维度，只有对主题的背后属性和维度有了更多了解，才容易在纷繁复杂的信息中提炼出共性。

> 案 例

### 一位学员讲述的例子

"我在去客户办公室时看到室内装修的风格特别好,不由自主地说道:'这里的装修真是太有品位了。'接下来我做了自我介绍,我的姓是生僻字——辜,客户一下子就正确地读出来了,我顺势说了一句:'您真是博学多才呢。'……就座之后,我看到客户的桌子上有他家孩子的照片,就跟他聊起了他儿子,得知他儿子已经会背30首唐诗了,我夸赞道:'这孩子真是聪明啊,我那么大时也就能背一首'……"

通过学员介绍的这些行为,我们可以提炼出共性——赞美客户。

## 识别个性

某个主题或场景下的不同点就是个性,采取的是不一样的行为和策略。"有些不一样",要带着这样的心态去探寻个性。虽然是小概率事件,但对事情起到很大推动作用的"不一样的地方"才是个性。

在自我萃取时可以思考,自己做了哪些不一样的举动,在这个流程中有哪些新的行为,这就是在探寻个性。萃取师也可以在聆听中询问"这是你第一次采用这样的行为吗?""你还采取了哪些不一样的举动?"

要注意的是,个案中的举动可能都是个性的,但只有对结果有价值的才需要提炼出来。这就要确认一下行为与结果的关联,否则提炼了很多个性行为但无效,就是萃取失败了。其实,很多疑难案件的侦破就是因为识别了关键的个性行为。

你可以通过练习"找不同"这样的游戏,或者看悬疑侦探片来提高自己的识别个性的能力。

## 第八章 个人经验萃取的核心能力

### 案 例

**一位学员讲述的例子**

"我跟踪这个客户很久了，但就是一直在迟疑犹豫。有一次我上门拜访他，跟他聊起了他的爱好——陶笛，这是他听到《故乡的原风景》之后买的乐器……我跟他聊陶笛的技巧，夸赞他的本事……偶然提到他的妈妈，才得知他现在虽然发展很好，但是妈妈已经去世了，他特别愧疚，之前他妈妈说过来看看他，但他工作特别忙，就说等等吧，等他不太忙时就回家，可这一等就是几年，妈妈直到病逝也没机会来他家……我表达惋惜之后，也说了自己的一个遗憾，就是上学时妈妈送我去学校，但我看妈妈穿得很土气，就没让妈妈跟着……这之后我们越说越投机，一周之后客户主动找我签约了……"

从这段话中我们发现，该学员是与客户谈家庭情况才有了后续的突破性进展，由此"述说家庭故事"这一条就可以作为个性行为。

### 分析特性

个性化的行为和举措中还会有"完全不一样"的表现，这样的特点称为特性，往往就是牛招。特性是个性的"极端"表现，名人特立独行的极致也就一两招，但作用确实非同一般，高手就靠牛招获得突破、取得成绩。

在萃取个性化行为后，可以连带追问自己，"有哪个行为或举动是完全不一样的""有哪个行为是自己独用的""有没有与其他人完全不一样的地方"等，从众多个性行为中提炼一个特性行为。

牛招往往带着名人的特点，这个特点就是名人的最大优势，名人在多次练习之后形成了自己的独特框架，在实际场景中就会一用就灵。

> 案 例

### 一位学员讲述的例子

"每次跟客户沟通不畅时,我都会聊家庭,每个人都是爱家人的,自己的小家、父母家、大家族,都是切入点,尤其是家人的喜事或难事,所谓家家都有一本难念的经,无论他多么事业有成。但关系不熟时,客户是不愿意谈论家庭的,这也是个人的隐私,所以我一般会在对客户有所了解之后,预判客户家庭可能存在的几个问题,先讲自己的家庭故事,然后看客户的反应……直到客户接我的话茬,开始谈自己家的事,这样我们就找到了共同点……"

由此,我们可以在"述说家庭故事"个性行为中提炼"预设客户家庭问题",这就是特性行为。

第八章
个人经验萃取的核心能力

## 第三节　转化力

"提炼力学完之后，咱们下一步要学什么呢？"崔小白在季度聚会上问王萃取。王萃取会定期召开弟子学员的交流会，一般是一个季度一次。

"接下来要学习的是转化力，就是把接收到的信息、经验转化，进行再加工、再创造，尤其是访谈式萃取和共创式萃取时会用到，当名人没有想法时，萃取师如果转化一下，就会再次引出集体智慧爆发。"王萃取解释转化力的价值。

"这好像就是您公开课上所说的'抄袭于无痕'吧？"崔小白参加了王萃取在北京举办的所有公开课，在多次考察之后才报名弟子班。

"是的，但那只是在转化同行资料时的一种应用，更多的是在萃取经验中使用，个人经验萃取时更是要先掌握，之后再在萃取他人经验时使用。"

"哦，我的理解狭隘了。"

"能力是普适性的，就看在什么领域应用了，你说的只是其中一种情况。"

"我迫不及待地想学习了！"

"好的，那咱们就步入正题操练起来。"

  转化力是指把原始信息/经验经过属性、结构、语言等方面的转述，拓宽萃取的视野和角度，补充更多的经验，激发更多的智慧，在思维受限、停滞、穷尽时，转化一下促进经验的生成。这是萃取师帮助人们产生经验的特有能力，会在参与中贡献经验，也是一个优秀萃取师必备的能力。

  转化力包括升降维度、改造结构、转述内容三方面的能力。升降维度是在主题属性角度催化经验，改造结构是在主题结构角度催化经验，转述内容是在主题术语角度催化经验。在实际萃取中，不一定三个方面都用，可以逐个引导，哪个角度打开了可以暂停后面的角度。

## 升降维度

  主题有多个属性，每个属性都有种属上下级别的区分，可以根据属性进行升降维度，或者提出与之平行的维度。维度一打开，牛招自然来。

  比如，在讨论水果时没有想法了，萃取师可以提醒与之平行的维度——蔬菜，降低维度可以提醒香蕉、苹果、葡萄，升高维度可以提醒肉、鱼、奶、蛋。

  对主题有了解，或者萃取前学习，都可以快速升降维度。萃取师平时可以刻意练习，针对一个主题进行上、平行、下3个维度的三级发散（就是三级目录的意思），由此就可以提高升降维度的能力。

## 改造结构

在主题确定的情况下，通过结构的调整，也可以催化出新的经验，因为需要按照新的结构进行补充，所以结构改造一般有前后调序、轻重调换、数量调整、渠道调频、过程调试等内容。

前后调序，按照时间对结构进行前、中、后的调序，通过其中某一步骤的变化进而带来新的补充，"如果这个步骤作为第一步……"。比如，客户的拜访准备，原来的第一步是拜访的材料准备，第二步是确定拜访目标，将这两步调整一下就会带来新的内容，第一步是确定拜访目标，第二步是探寻客户需求，第三步是准备拜访方案……

轻重调换，是指经验重要性、权重的变化，放大某一步骤，调整步骤之间的比重，进而补充新的内容，"如果把这个因素作为最重要的……"。比如，在直销员向顾客介绍产品时，在产品卖点、好处、事实、生动中最重要的是好处，通过轻重调换，把生动作为最重要的因素，由此按照生动解释进行经验的重构：客户的需要、生动的讲解、带来的好处、具体的事实。

数量调整，是指增加或减少某个经验的数量、比重，"如果按照数量指标，把这一步作为最后一个考虑因素……"。比如在萃取提升客户信任感的经验时，原来是产品的价值占的比重很大，现在调整为以与客户的趋同为主，就可以在共同点这块补充更多经验。

渠道调频，从渠道角度扩散，不要仅仅拘泥于现有的渠道，"还有别的场合或渠道可以操作吗……"。比如在萃取拜访客户的经验时，发现很多经验都是在办公室里产生的，那就可以从聚会、沙龙、外出游玩、微信等不同渠道思考。

过程调试，是指在过程中加入试验、试点、试用的内容，"哪一步需要试用检验一下呢""哪个步骤特别重要，需要演练尝试一下呢"。比如，在萃取理财经理的经验时，有一个步骤是"提供具体方案"，就可以引导学员思考提供方案之后是否需要加入"方案讲解演练"的环节。

## 转述内容

转述内容，就是"换句话说"的意思，把经验进行一次转述，再引导补充萃取。转述内容分为标题转述、概念转述、言语转述、案例转述、结构转述、方法转述等，总之"萃到穷尽时，一切皆可转"。

标题转述，是把经验的标题换一个名字。比如把"客户需求方案提供"换成"如何针对性地提供需求方案"。

概念转述，是指对概念的解释进行一定的界定或延伸。比如在某次经验萃取中对"沟通"的转述是"通过一定的手段进行'沟'才能畅'通'"，这样萃取时就会以"沟"作为主要方向。

言语转述，是把萃取中的关键内容换成某个词，然后在这个词的基础上持续萃取。比如萃取客户服务的经验，其中有一个内容是"提供持续的服务"，言语转述为"长度"，接下来就可以从"深度""广度""速度""程度"等不同方面进行萃取，这就是萃取中常说的"一词值千金""一词拓思路"。

案例转述，是指对萃取中的典型案例加以改造，换成新的案例，由新案例开始新的萃取方向。比如萃取中有一个服务老年客户的经典案例，那就可以替换一下人物、信息、情节，改造成青年客户、女性客户、高端客户的案例，然后萃取新的经验。也可以把外部案例改造为内部案例，然后萃取内部经验。

结构转述，是指对已有的经验结构进行语言的转述。比如在一次经验萃取中，学员萃取试穿的操作步骤是"选择好尺码，邀请客户……"。王萃取用韵字诀转述了一下结构"确认尺码要估对、主动邀请要到位"。由此学员继续进行了补充萃取，最后形成了"1.确认尺码要估对；2.主动邀请要到位；3.成套试穿要会配；4.款式备选不嫌累；5.赞美顾客要对味；6.试穿交流要妖魅"。这就是"结构一转，峰回路转"。

方法转述，是指把原来的方法进行重新命名，进而补充萃取相应的内容，直到补全方法转述的要求。比如，萃取建立客户信任的经验时，命名为"信任建立四部曲"；萃取客户拜访的经验时，命名为"六卖神见法"；萃取客户全流程营销经验时，命名为"四段八元法"。这样就会随方法转述进而补充萃取新的内容。

## 第四节　表达力

"经验萃取之后是经验呈现,'三分萃取,七分呈现',说的就是经验呈现的重要性。"王萃取开始介绍表达力。

"为什么呈现这么重要呢?"崔小白有些不解。

"小白,你说经验萃取出来了要放在哪里?"王萃取启发道。

"放在电脑里是最大的浪费,您说过要去复用。"

"是的,复用前要怎么才能学到呢?"

"哦,就是看到内容、听到讲授,从经验呈现中学习!"崔小白恍然大悟。

"是的,经验变成了案例、手册、剧本、图书,变成了微课、短课、大课,变成了音频、视频、图片,才能让更多人学习到名人的牛招,所以经验呈现就特别重要了。"王萃取进一步解释道,"经验看不看,就看怎么呈现,有人喜欢看案例,你把经验变成微课可能他就不学了。"

"把经验呈现为公司员工喜闻乐见的方式,您说的'万法皆可现'就是这个意思吧?"

"是的,经验呈现背后对萃取师而言就是表达力,很多业务专家都是'手中有口中无',除了缺少萃取框架之外,还欠缺的是表达力。"

"这个能力太重要了,同样的内容用不同的表达来呈现,效果方式完全不一样,每个人都要修炼这个能力。"崔小白经常学习,发现表达力确实十分重要。

"是的,这不但是萃取师应该具备的能力,也是每个职场人要掌握的通用能力。"

表达力是萃取师必须不断修炼、不断提高的能力,每一次经验呈现都是表达力的体现。无论经验呈现的方式是哪一种,背后都深深地打着萃取师表达力的烙印。小到一个标题,大到一本手册,从头到尾都需要表达有力、有效、有趣。

表达力有书面表达力和口头表达力两种。口头表达力属于声音、演讲范畴,属于经验传承时的讲授能力,不是本书研究的范围。隐性经验显性化、显性经验成果化,经验"从无到有""从有到好"的书面化表达,是本书要表达的重点。

书面表达力包括了风格、标题、导入、概述、结构、总结等方面,这是基本的书面表达结构,掌握了这些方面,经验无论是变成案例,还是文章、课程、手册,都是广泛适用的。

## 风格

每个成果的风格都是不同的,是可以定制的。成果的风格需要是受众喜闻乐见的,所以就要根据受众的喜好设计写作风格。

多罗列受众可能喜欢的内容,然后汇总、分类,最后确定成果风格，这时往往也确定了写作结构。按照合适的风格写作一篇示范文章。

> **案 例**
>
> **帮助企业萃取手册的风格**
>
> 王萃取帮助一家企业萃取手册，引导学员说出受众可能喜欢的风格：有故事、好用的工具、提醒、重点明确、轻松有趣、背后有道理。
>
> 经过汇总分类，确定的风格是有故事、有道理、有工具、有重点、有提醒，同时也确定了写作风格要口语化。

## 标题

每个场景经验在传播时都需要名字，每个成果也需要名字，所以萃取师就要会起标题。标题的命名方式有很多，王萃取结合多次萃取经历，总结了6种常见的标题命名方式：解释式、提问式、揭秘式、断言式、成语式、总结式。如表8-1所示：

表8-1　6种常见的标题命名方式

| 类型 | 特征 | 字数 | 结构 | 示例 |
|---|---|---|---|---|
| 解释式 | 强调重点 | 【1~4】+【6~15】 | 重点+具体解释 | 家，我魂牵梦绕的心灵净土<br>手机，不要做我家庭的第三者<br>萃取技术，组织发展的利器 |
| 提问式 | 引发共鸣 | 10~20 | 一个问题 | 还记得你童年时的梦想吗<br>萃取技术，你真的了解吗<br>如何确定一个值得萃取的主题 |

（续表）

| 类型 | 特征 | 字数 | 结构 | 示例 |
|---|---|---|---|---|
| 揭秘式 | 透漏秘密 | 10～20 | 一个秘密 | 连招行都在用的萃取技巧，你还不来学<br>你一定不会知道，百度、京东居然是这样萃取的<br>大家都想学的个人经验萃取技术，其实就这4步 |
| 断言式 | 激发欲望 | 8～20 | 武断强调 | 说白了，你就是太懒<br>别说你懂项目管理<br>你那不是穷游，是穷浪<br>你绝对不可以错过3款好用到爆的APP<br>培训经理，不要成为组织经验萃取的绊脚石 |
| 成语式 | 一语双关 | 【4】+【6～15】 | 成语+主题的解释 | "诉"战速决——投诉处理五部曲<br>"费"尽心思——物业费征收必杀技<br>"服"摇直上——客户服务提升的6个秘密 |
| 总结式 | 整合利益 | 8～20 | 数字总结 | 业务专家萃取经验的7个误区<br>组织经验萃取的10个捷径<br>提高萃取力的12种实用方法 |

## 导入

导入是指标题下面的引子，王萃取总结了4种常用的导入方式：案例导入、痛点导入、数据导入、名言导入。

案例导入是场景的再现，一般包括背景、冲突、行为、结果等，根据企业的需求可以增加其他要点。背景是指场景发生的时间、地点、条件等基本信息，一般一句话概括即可。冲突是指场景中存在的最大问题、挑战，一般只体现一个典型困难。行为是针对冲突所采取的措施，概括性地介绍即可，避免与后面的结构内容重复太多。结果是场景所取得的阶段性结果，萃取成功事件时结果往往都是成功的。要注意的是，案例导入最好是对话式的，这样有代入感、画面感。

> 案 例

## 案例导入的场景演示

领导在月度会议上让小吴负责组织部门季度会议,小吴需要召集同事加入,一起做这件大事。【背景】

"小陆,这次张总让我牵头组织部门的季度会议,让我找几个同事做副手,我第一时间就想到你了。"小吴兴奋地跟小陆说。

"是吗?谢谢吴姐。可是我现在手头工作太多了,怕分身乏术啊。"【冲突】

"知道你忙,受领导重视的人都很忙。但这可是咱们部门级的活动,是争取在领导心中树立良好形象的好方式啊。"小吴解释道,"你刚来公司一个月,领导和同事还不太了解你的能力和优势,这回你可有一展身手的机会了。"

"这倒是,那我做点什么呢?"小陆有点被说动了。

"那你答应了?"

"嗯,我加入。"【结果】

"具体做什么咱们再商量,回头我联系你。"

"好的。"

小吴又走向了下一个人。

同级的同事之间怎么说服对方加入自己的项目工作呢?【疑问】

痛点导入,是指针对主题的典型困难或挑战,一般列出常见的3~5个困难,用重字诀强化包装,比如"三大难""四大痛""五大苦"等。

## 第八章 个人经验萃取的核心能力

**案例**

### 客户经理四大痛

时间不够用。

加班到深夜。

拖延症严重。

工作效率低。

数据导入,是用一个或一组数据引出主题,数据务必真实准确。

**案例**

### 数据导入

80%的进厅用户,因为我们的忽视而流失。

——呼伦贝尔分公司市场部,2017 年 11 月。

名言导入,是指用言论引出主题,可以是本领域的名人也可以是跨领域的名人,可以是古代的名人也可以是现代的名人。行业名人或公司高层的言论最好,无论是谁的言论,都要注明姓名、身份。

**案例**

### 名言导入示例

吃透基本法,玩转金管家。

——马明哲 中国平安 CEO

## 概述

经验概述起着承上启下的作用,上承导入下启结构,是一段话的总结性概述。王萃取提炼的概述结构有背景式概述和思路式概述两种。

背景式概述，是指介绍背景、手段和结果，常用的句式是"在……基础上，通过……，达到……"，要注意的是，连接的词语是可以换的，只要覆盖三方面即可，否则语言会显得生硬。

思路式概述，是指思路、手段和提醒，常用的句式就是"一路二招三提醒"。

案 例

**两种概述的不同表现**

（背景式概述）检查数据分析，在结合乘客原始意见和客流变化的外部数据综合考量的基础上（背景），从"分步收集信息准确化、解析原始数据多样化、再次综合分析思辨化、提出突出问题典型化、升级服务水平标准化"5个方面着手（手段），整体提升七项服务规范水平（结果）。

（思路式概述）处理老年客户的关键信息记错、业务纠纷时，一定要秉持"先处理心情再处理事情"的原则（一路），我们可以通过情绪安抚法的"单间隔离要趁早，安抚情绪先做好，引导回忆线索找，有了证据免争讨，联系家人不能少"5个步骤进行处理（二招）。切忌与客户争论对错，坚决避免争吵（三提醒）。

## 结构

结构是经验呈现的主体，由多个框架内容构成，在风格共创时会积累很多结构的内容，为罗列结构做好了铺垫。常用的经验结构有逻辑结构、问题结构、论证结构等。

## 第八章 个人经验萃取的核心能力

逻辑结构的框架是"是什么,为什么,怎么做",问题结构的框架是"问题,原因,对策",论证结构的框架是"观点,理由,结论"。

> **案 例**
>
> **不同结构的展示**

(**逻辑结构**)组织经验是什么呢?通俗地理解就是名人成功事件中的牛招。(是什么)

为什么要做组织经验萃取呢?企业战略落地需要高效人才,高效人才队伍需要组织培养,组织培养人才需要有效的内容,有效的内容来自内部顶尖人才,顶尖人才的经验需要进行萃取。(为什么)

组织经验萃取,主要有个人经验萃取、访谈式萃取、共创式萃取、混合式萃取四种方式。个人式萃取的操作流程是……(怎么做)

(**问题结构**)近年来通信市场渠道的不断变化,传统实体渠道不断萎缩,线上渠道牵引不足。(问题)

这些问题的原因从内部讲是思想上依赖代理商发展的惯性思维,从外部讲是传统实体门店客流量不断下降,人工、房租成本不断上涨,线上流量也遇到了"天花板",面对这些问题该怎么办?(原因)

甘肃联通通过两年的不断实践,总结出了一些经验,取得了一些效果,在这里分享汇报,希望得到各位老师的指导,从而不断推动渠道互联网化的转型,实现又快又好的发展。(对策)

(**论证结构**)只顾工作,顾不上家庭,身体也吃不消;只顾生活,工作做不好,家庭没有收入来源;工作和生活间取得平衡才最好!

为什么要取得平衡呢?(观点)

1.工作时间安排妥当了,完成工作任务,获得升职加薪的机会,家人也会更满意。

2.生活平衡好了,身体得到了休息,更有精力投入到工作中去。

3.当今社会,很多人因为过度加班,导致过劳死、家庭矛盾的例子比比皆是,警醒我们需要注意生活平衡。(理由)

因此,我觉得工作和生活取得平衡,两手抓才是最科学合理的。(结论)

## 总结

经验呈现一般采用"总分总"的结构,所以会有总结的部分,常用的总结框架是"价值,手段,效果"。价值是指主题本身所具备的意义,手段是经验的操作步骤,效果是使用手段可以达成的直接结果。价值可以务虚、稍微放大,但效果就要务实、具体了。

### 案例

**总结在实际场景中的应用**

变压器的生产进度直接关系到保定城东110kV变电站能否按施工节点计划投运及该项目的及时关闭(价值),通过进厂进行"上、备、装、验"四步督导(手段),深入了解变压器的生产周期,明确了交货日期,为保定城东站如期投运打下坚实基础(效果)。

新购置500kV变压器能否在合理的时间送达施工现场,直接影响着北京西站的施工进度(价值),我们通过"一察二调三确定"的方法,科学推算出变压器送达现场时间(手段),使变压器设备不早到、不迟到,保证了现场施工不误期、不延期(效果)。

## 第五节　传播力

"呈现之后是传播，萃取师最后的一项能力就是传播力。"王萃取继续介绍萃取师的能力。

"'传播才能传承'，您在课上曾经多次强调过，就是指咱们萃取师的传播力吧？"崔小白记了很多王萃取在课堂上的金句。

"是的，传播为自己，传承为大家。"王萃取解释道，"经验不署名写出来就不是你的，尤其是在喜欢的领域，一定要多写文章、多传播，这是'主观为自己'，让业内看到自己的专业，以便获得更多的发展机会，这是'分享为机会'。"

"我最开始就是在微信朋友圈看到您的关于萃取的文章，然后才关注的公众号，继而参加的公开课，最后成为您的弟子的。"崔小白回顾了自己与王萃取结缘的经过。

"是的，我专注一个领域就会写大量的原创文章，以此证明自己的专业性，也获得了很多机会，比如很多企业就是因为看了我的文章和书，才请我讲课的。"王萃取与很多机构和企业认识都是因为文章。

"是的，老师十分高产呢，基本每周都有一篇文章。"

## 第八章
### 个人经验萃取的核心能力

"要萃别人先萃自己,这样才能在辅导别人时有感觉。不萃取不知道自己知道的少,越萃取自己,知道的越多。"王萃取解释萃取经验写文章的原因,"当你基于一个主题萃取经验时,一般能写10篇原创文章就不错了,这就把之前积累的知识用尽了。然后就是输入学习,再萃取经验,再写文章,由此开启了'输入—输出—输入'的良性循环,个人也就不断获得成长。"

"强烈赞同,如果不写出来,还以为自己知道很多呢,其实所知也不过10多篇文章而已。"崔小白深以为然,他写培训的文章写到第八篇时就没想法了,后来又继续看书学习。

"是的,还有'传承为大家',人类文明需要传承,个人萃取出来的经验要传播出去,让更多人了解、学习、应用,这就是在为大家,就是在促进行业进步。"王萃取进一步阐述了经验传承的重要性。

"所以老师您开创了萃取技术这个流派,用不断出版的图书为行业贡献智慧,让更多人学习萃取技术、应用萃取技术。"

"但我一人力量有限,所以才招收萃取技术弟子,让志同道合的人一起努力、一起加油。"

"好的,老师,我一定全力以赴,和您一起推广萃取技术。"

"很好,那你一定要提升传播力,多写萃取技术的文章,把知识传播给更多的人。"

"是的,我一定会努力的,争取每月至少写一篇文章。"

"加油!"

传播力是萃取师传播经验、传承经验的必备能力。传播范围有多大，经验传承就有多广。经验放在电脑里是最大的浪费。每个萃取师都要在所专注的领域写一系列的文章，甚至写一本书来传播自己的思想、经验。

规划主题的系列文章，确定传播平台，制订写作计划，按部就班地萃取经验写文章，传播经验做传承。不断地在一个领域专注、专研，用一篇篇文章证明自己的专业、专属，不断提高自己的传播力。

**主题系列**

主题要萃取要形成系列，文章分享也要形成系列，这就要规划出二级目录。

第一种是主题发散，针对主题发散写出30个词（具体数量可以视情况而定），不限制是理论、方法还是工具，甚至术语、人名都是可以的，然后分为6～10类，这就是一级目录，归为一类的就是二级目录。之后排序，由此主题目录就出来了，按照前后顺序进行萃取和写作，前后不要重复，前面说到的内容后面就要简略。如图8-2所示。

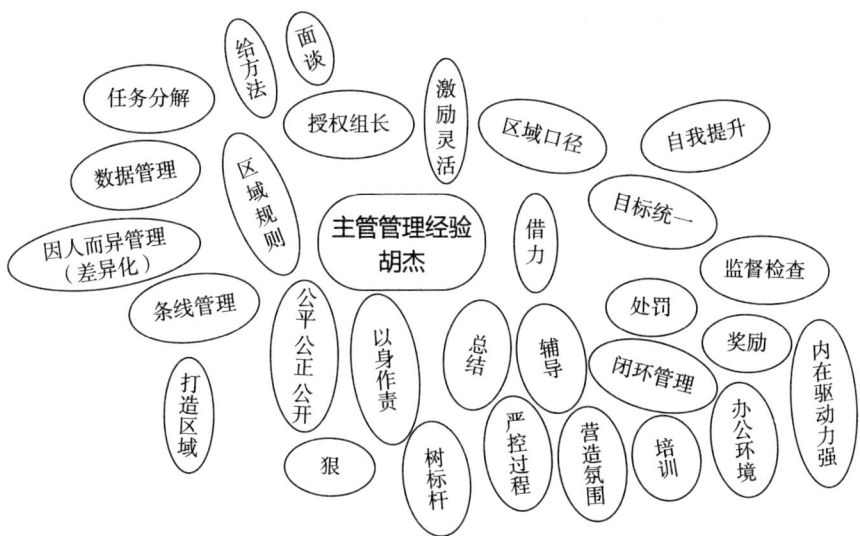

图8-2 学员使用气泡图发散管理主题

案 例

**学员采用气泡图发散管理主题**

经过归纳、分类,分为六章 24 节。

**第一章 自身管理有原则**

第一节 自我要求

第二节 内在驱动

第三节 压力管理

第四节 很有原则

**第二章 目标达成有方法**

第一节 总分战略

第二节 目标分解

第三节 数据管理

第四节 条线管理

**第三章　区域建设有文化**

第一节　区域规则

第二节　区域文化

第三节　树立标杆

第四节　营造氛围

**第四章　资源把控有手段**

第一节　激励管理

第二节　差异管理

第三节　人员分工

第四节　借力使力

**第五章　闭环管理有考核**

第一节　确定目标

第二节　培训辅导

第三节　通报考核

第四节　总结回顾

**第六章　创新工作有魄力**

第一节　管理创新

第二节　搭建平台

第三节　鼓励尝试

第四节　持续微创

第二种方法是问题发散，就是针对主题思考受众可能需要解决的问题，至少罗列出 30 个问题，问题的颗粒度要差不多，否则问题大小不一，写作中就会有交叉。要注意的是，第一次罗列问题时不用分类，最终确定问题时再分类，因为问题有临时发生的或随时想到的，只要注意在写作时不要重复前面的内容即可。

> **案 例**

### 问题发散举例

1. 什么是萃取技术？
2. 什么经验值得萃取？
3. 经验都有什么类型？
4. 经验可以开发为什么形式？
5. 萃取培训需要几天？
6. 一次萃取几个主题经验好？
7. 学员萃取时需要参考以前的资料吗？
8. 可以代替他人参加萃取课吗？
9. 每次参加萃取的人数多少合适？
10. 选择哪种萃取方式好？
11. 学会萃取有什么用途？
12. 萃取的流程是什么？
13. 萃取时助教需要做什么？
14. 萃取时甲方需要做什么？
15. 卓越员工与普通员工可以搭配一起萃取吗？
16. 学员需要做一些预习吗？
17. 主题怎么拆分为场景？
18. 场景的范畴怎么衡量？
19. 牛招是什么样的招？
20. 标杆学员怎么选取？

……

有了系列目录后就要制订写作计划，一般来说，以周为单位，每周一篇文章，每篇文章在1500～2500字，写作的风格要一致。白天低效时间、等待时间罗列三级大纲、收集资料，晚上高效时间写作，一般1～2小时就可以写完一篇文章。做了写作计划后，要有对等的奖惩措施，奖励要让自己心动，惩罚要让自己心疼。

**传播平台**

经验传播需要平台，现在有很多平台，比如微信公众号、微博、知乎、今日头条、简书等，不一定非要依托纸媒，根据个人喜好选择一个平台为主就好，王萃取就以微信公众号为传播萃取经验的主要平台，如图8-3所示。

关于自媒体传播的公式，王萃取的总结是：经验传播＝定位准确×持续更新。关于一个主题写了50篇文章，不是专家也像专家了，但很多人往往写不到10篇文章就放弃了，所以每写完一篇文章都要多分享，让读者的建议、赞美激励自己持续努力。

案例

**传播平台的选择示例**

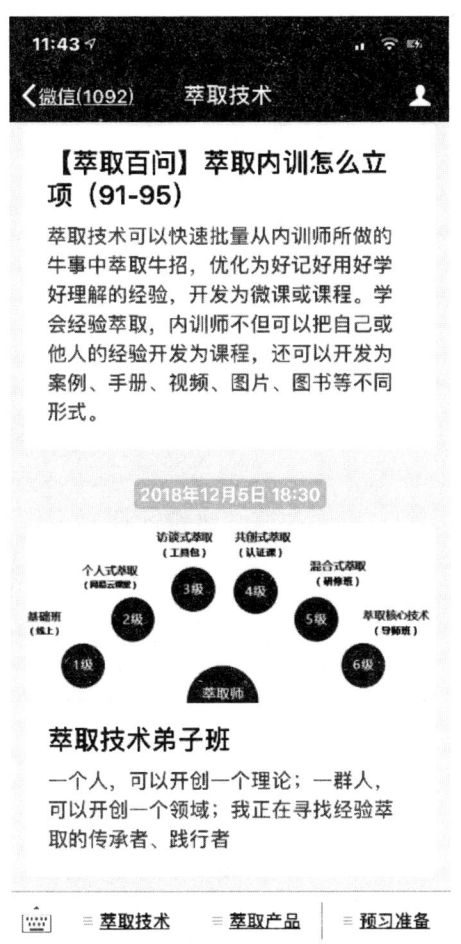

图8-3 传播平台示例

第九章

# 个人经验萃取的应用

"万事皆可萃，万招皆可取，万法皆可现"，萃取技术适用范围极广。个人经验，随时随处可萃取，工作、管理、生活、休闲、情感、育儿、学习、爱好等领域都可以萃取，"不怕你不会，就怕你不萃"，萃取师要多萃取、常萃取才能萃取得好。

本章是个人经验萃取的应用，列举了公开课、内训课、认证课、弟子班中学员的萃取练习作业，以微文方式呈现，应用于微信群或朋友圈传播，读者可以通过下面的案例，感受个人经验萃取的魅力。

## 第一节　萃取生活技巧

生活中的护牙、洗手、做菜、消费、理财、拍照、装修……学员以此为主题萃取经验。

**案　例**

### 如何保护牙齿健康

健康的牙齿对生活有重要的作用，但是身边很多人的牙齿都出现了不同程度的问题。怎样保护牙齿健康呢？关键在于保持健康的生活饮食习惯。步骤如下：

1. 使用：使用温水，坚持早晚刷牙3分钟。
2. 食物：多吃果蔬，少吃或不吃油炸酸辣食品。
3. 饮品：多喝开水，不喝或少喝碳酸饮料。

4. 禁忌：禁用牙签，禁止频繁咀嚼硬食物。

## 你会洗手吗？快来看看专业洗手七步法！

人们在公共场所回家后，第一件事是赶紧洗手。但是，调查发现，80%的人不会洗手。如何正确洗手呢？来看一下专业洗手七步法就知道了：

1. 湿：湿润双手，涂满肥皂，掌心相对揉搓。

2. 揉：手指交错，掌心对手背揉搓，双手换位再来一次。

3. 缝：掌心相对，双手手指交叉，沿着手指的指缝相互揉搓。

4. 握：两只手相互握住，一手手掌、大拇指揉搓另一只手的指背，左右交换再来一次。

5. 拳：一手握拳将另一只手的大拇指握住旋转揉搓，左右交换再来一次。

6. 心：一只手手指并齐在另一只手掌心中揉搓，左右交换，同上步骤再来一次。

7. 腕：一只手的手掌握住另一只手的手腕旋转揉搓，交换再来一次。

## 四步做油焖大虾

如何才能吃到价格低，又卫生的油焖大虾呢？关键是我们是否会自己做，今天教你四步烹饪油焖大虾：

1. 选：选取新鲜的大虾，看颜色，看大小。

2. 洗：洗干净大虾，需去除虾线和虾肠。

3. 炒：放油，炒姜、花椒、辣椒等辅料。

4. 焖：用啤酒加糖焖大虾，色香味俱全。

### 如何快速做一份糖醋排骨

糖醋排骨的烹饪方法有很多版本,有工序繁杂的餐厅级、专业版做法,有经过大厨改良的版本,五花八门,做法繁多。如何在做法上简单化,节约时间呢?具体工序如下:

1. 猪排要新鲜,洗净,晾干水分备用。

2. 姜要油爆,锅内倒少量油,烧热之后,爆香姜片。

3. 表面要微焦,放入排骨,一直煸炒到排骨变色,表面金黄微焦。

4. 调料要均匀,此时就可以放入黄金比例的调料了,顺序是先放1汤勺料酒,接着放2汤勺酱油、3汤勺米醋,最后放4汤勺白糖,炒匀。

5. 焖要文火,再倒入能没过排骨的开水,调至文火焖20分钟。

6. 收汁要武火,放盐调味,武火收汁,收到汁浓色亮时,撒入芝麻点缀即可出锅。

### 经典曲奇饼干制作不求人(张满新提供)

很多人喜欢吃曲奇饼干,直接从超市购买又担心含有食品添加剂,怎么才能吃到健康又美味的曲奇饼干呢?在我看来,主要是原料的准备,至少要做到以下5步:

1. 搅拌黄油,把室温软化的黄油用打蛋器搅至顺滑。

2. 加入白糖,称出90克绵白糖,放入黄油中继续搅拌。

3. 加入鸡蛋液,分3次加入打散的鸡蛋液,每一次都搅至鸡蛋与黄油融合。

4. 加入面粉,筛入200克面粉和少量香草粉,用扁平的勺子搅拌均匀。

5. 放入烤箱：用花嘴在烤盘上挤出花纹，放入预热好的烤箱，调至 190 摄氏度，烤制 10 分钟就好了。

## 15 分钟轻松烤红薯（萃取认证班学员于燕提供）

邻居和妈妈都用微波炉烤红薯，但是妈妈烤出的硬，邻居烤出的软。这是怎么回事？最重要的是巧用厨房纸巾，按照下面的步骤可以轻松烤出美味的红薯。

1. 备：准备好红薯、微波炉、厨房纸巾。

2. 选：尽量选大小相近的红薯，便于同时烤熟。

3. 洗：把红薯洗净，以不滴水微湿为准。

4. 包：用厨房纸巾把微湿的红薯包上。

5. 烤：将包好的红薯放进微波炉，用高火烤，大的红薯烤 20 分钟，小的红薯烤 15 分钟，中间翻一次面。

6. 试：用手按红薯，感觉软了就是烤好了。

## 翅尖上的诱惑——如何做出美味的可乐鸡翅

可乐鸡翅是一道受欢迎的家常菜，但想做得好吃却不容易，以下六步教你做出美味的可乐鸡翅。

1. 备调料：准备好可乐 1 罐、姜、蒜、葱花、生抽、料酒、米醋、盐。

2. 处理：鸡翅两面各划两刀放入锅中，放姜、蒜，开水焯 1 分钟。

3. 热油：倒入 30 毫升油，烧热，加姜、蒜、鸡翅煎 2 分钟。

4. 加料：加料酒爆炒 1 分钟后，倒入可乐 100～200 毫升、生抽 10 毫升。

5. 收汁：放盐，盖锅盖后煮 15 分钟。

6. 出锅：摆盘，撒葱花。

### 回锅无穷——川味回锅肉做法

回锅肉是一道大众菜，要做出大众味道，且看下面5招。

1. 选：选优质猪五花肉，准备郫县豆瓣酱、蒜苗、葱、姜若干。

2. 焯：水煮开，下料酒，五花肉焯净血水。

3. 切：五花肉放凉后，切片至0.5厘米厚度。

4. 炒：加热油温到稍微冒烟，下肉片炒至翻卷，然后下豆瓣酱、葱、姜翻炒，最后下蒜苗翻炒。

5. 观：猪肉色泽亮红，起锅。

### 轻松五步在家做陈皮

陈皮具有理气降逆、调中开胃之功。它是由橘子皮制作而成的，很多人想要自制陈皮却不得要领。怎么才能制作出真正的陈皮呢？最重要的是风干方法，在我看来至少要做到以下5步。

1. 浸泡：烧一锅热水，把橘皮放进去，浸泡20分钟。

2. 清洗：将牙膏挤进清水中，打出泡沫，用泡沫洗橘皮，浸泡10分钟后用清水洗净。

3. 晾干：剥掉橘皮，把剥好的橘皮放在阳光下晾晒，注意橘白朝外。

4. 封存：把橘皮存放到密闭容器中3个月，注意不要用塑料容器。取出时，橘白朝下，让橘皮变软。

5. 风干：再次放在太阳下风干，完全晒干后，封存即可做成。

## 如何做好胡椒猪肚汤

现代人越来越注重养生，胡椒猪肚汤健脾养胃、营养丰富，深受大众喜爱。如何煲好一锅色香味俱全的猪肚汤呢？重点是做好以下"五要"：

1. 选材要新鲜：猪肚要选看起来有光泽的。

2. 清洗要耐心：加入面粉将猪肚反复清洗几次。

3. 灼水要快速：将猪肚快速灼水，去掉异味。

4. 慢熬要火候：将猪肚放入锅中，加入水和胡椒，大火煮开，小火慢熬 2 小时。

5. 切条回煮：捞出猪肚切条，回锅煮 15 分钟，加入盐即可。

## 如何快速手工制作面包

家庭烘焙需求高，制作成功却很少，手工面包怎么做？

1. 量：各种食材分量必须严格按配方分量称，不可多或少。

2. 揉：面团混合后，先用手掌贴桌面搓面团到网格状态，再揉 20 下，最后拿着面团用力往桌面拍打，直到轻轻拉出薄膜即可。

3. 发：一发温度 27～29 摄氏度，湿度 70%～80%。发到手沾面戳个洞不回弹，整形后二发温度 37～39 摄氏度，湿度 60%～70%，到 2 倍大小即可。

4. 烤：烘烤过程中除了按既定时间与温度设定外，还要观察面团表面颜色是否变成金黄色。

## 理智网购四步必杀技

随着网络技术的日渐成熟，网购也越来越受消费者青睐，但许多人在网购过程中存在盲目购物的情况。如何确保理性消费，真正买到需要的东西，重点在于建立一套选择网购商品的方法，具体如下：

1. 多买：质量好价格低的东西多买。提前把质优价廉的商品放入购物车，及时抢购。

2. 少买：质量好价格高的东西少买。需要经常使用的重要的高价东西可以买，但要做好预算。

3. 慎买：质量差价格低的东西慎买。不常用、不重要的、质量差的东西可以买，但要做好评估。

4. 不买：质量差价格高的东西不买。

### 商务笔记本该如何选择（萃取认证班学员于石桥提供）

对于商务人士来说，笔记本电脑是工作的重要工具，但是市面上的笔记本电脑品牌型号众多，价格也相差甚远，如何在合理的承受能力内选购一台性价比较高的笔记本呢？有5个技巧可以参考。

1. 选购正规渠道购买：一定要选择有自营体系，售后有保证的渠道购买，这样售后问题可以追溯。

2. 按照需要选择配置：如果仅仅为了办公使用，可以选择内存容量大的，这样处理文件速度较快，价格也便宜；如果需要兼顾娱乐，要选择独立显卡，这样性能强劲，当然价格也高。

3. 货比三家：现在很多网店或线下连锁店都在打折扣，货比三家很有必要。

4. 看评论：打开想要选购的产品的评论记录，看看其他人的使用感受再决定是否购买。

5. 选择大品牌：大品牌的技术比较成熟，配件质量较好，售后网点多，小众品牌虽然价格便宜，但有些配件质量不高，售后网点也较少。

## 如何合理安排家庭收入

大部分年轻人的家庭收支情况是"收入—支出＝存款",但是这并不合理。最科学合理的办法是相反的,"支出＝收入—存款"。那具体怎么实施呢?

1.拆分:每月汇总家庭收入后拆分为三大份,实现分步骤开支,例如固定存款、家庭开支、个人开支。

2.运用:在不降低生活质量情况下,坚持先存款再支出,并且记录财务数据,分析每月情况,合理开支。

3.超支:尽量养成不提前消费的习惯,在自己能力承受范围内选择消费,保证现金流。

4.理财:每个月固定存款部分定期不动,不出现特殊情况(生病或意外)不要动用,购买短期保本保收益的理财产品。

## 如何拥有高质量的睡眠

现代人生活节奏快,睡眠质量一般,如何拥有高质量睡眠的问题困扰着很多人。通过以下简单几步可以提升睡眠质量。

1.睡前远离饮食,保证作息时间。饮食会增加脏器负担,睡前不吃东西有助提升睡眠质量。

2.睡前远离手机,保证环境安静。手机等电子产品会影响情绪,推迟入睡时间。安静的环境有利于入睡。

3.睡前远离光亮,保证舒适姿势。利用窗帘等保持昏暗的睡眠环境,穿着舒适的衣物,平躺放松有助睡眠。

4.睡前远离纷扰,保证心情平和。停止对家庭和工作上事情的思考,不喜不悲,平静的心态更能保证睡眠质量。

**实用！衣服收纳大法，每个人都需要！（萃取认证班学员张娜提供）**

衣服越来越多，衣橱越塞越乱，出门之前不知道今天要穿什么，拿定主意了，还得花大把时间东翻西找换衣服，真的是太闹心了！其实，只要把衣服分门别类整理好，衣橱也可以整整齐齐、清清爽爽的，具体怎么做呢？只要下面这六步，妈妈再也不用担心我找不到衣服啦！

1. 清空衣橱，先把衣服全部清理出来，清洗曝晒，衣橱杀菌消毒。

2. 衣物分类，可以按照季节、厚薄、款式等分类方式分类。

3. 折叠整理，按照分类折叠整齐，不能折叠的衣物悬挂存放。

4. 清理以后不穿的衣物，捐赠。

5. 收起暂时不穿的衣物，节约空间。

6. 摆放当季要穿的衣物，方便取用。

### 如何做好新房的装修设计

有些装修公司打着免费设计的幌子，坑人现象频发，业主如何避免被坑呢？可以自己来装修设计。具体有以下几个步骤：

1. 了：了解家人生活习惯，在具体设计时要充分考虑生活习惯。

2. 如：如实划分功能区，根据入住的人数、生活需求，划分房间数量、面积。

3. 指：指定整体装修风格，根据家人的共识，确定中式、欧式、田园等装修风格。

4. 掌：掌握房屋精确尺寸，准确的尺寸能保证水电安装位置准确无误。

5. 完：完成家具家电选择，选好家具家电，掌握尺寸、用电要求，确定图纸尺寸。

6. 美：美化效果节能环保，选用节能环保设备，特别注意空调安装位置。

7. 设：设计硬装一步到位，硬装不可修改，要一步到位。

8. 计：计划安排合情合理，装修计划一定要能够实施。

## 防"危"杜渐——巧用五招快速识别公交扒手
### （萃取认证班学员廉潇宇提供）

很多人选择公交车作为出行工具，但是经常会因为大意被扒手盗窃财物，那如何在公交车上预防被偷窃呢？接下来分享5种公交车上识别扒手的方法，帮你确保财务安全。具体如下：

1. 看：看眼神。扒手的眼神既关注事主的口袋，又会不停地查看是否被察觉，在车上如发现有人眼睛不停地四下张望，要引起高度警觉。

2. 察：察行为。扒手选好目标后，会紧贴目标不放，并趁着车辆晃动时下手行窃。如在车辆上发现有人异常靠近，一定要留意财物。

3. 辨：辨服饰。扒手习惯团伙作案，打扮似白领。在车上要刻意对穿着相似的聚集群体保持距离，避免出现被"围而攻之"的严重情况。

4. 闻：听声音。扒手在车上有成熟的暗语来配合。如果听到有人暗声说"宰死猪""雷子""板子"等暗语，最好下车并报警。

5. 识：识双手。扒手在行窃时候一般会用自己的胳膊挡住事主视线，如果在车辆晃动途中发现有人刻意用胳膊在面前晃动，应快速进行躲避。

### 福星高"照",如何拍好证件照(萃取认证班学员迟迅提供)

生活和工作中经常需要拍证件照,但是有时因为匆忙或不注意,照片效果让自己都不忍直视。其实只要略微注意拍摄视角等几个小问题,就会得到满意的效果。

1. 挑选衣服:浅色背景穿深色衣服,深色背景穿浅色衣服。
2. 略收下巴:微微向正上方抬头,避免被拍出恼人的双下巴。
3. 抬高视角:眼睛向镜头上方3厘米处看,显得眼睛更大。
4. 调整呼吸:按快门时深呼吸,会让表情生动,双目有神。

### 4步轻松告别毛衣掉毛(萃取认证班学员张满新提供)

北方人冬天喜欢穿毛衣,但是新买的毛衣容易掉毛,沾到外套上、衬衫上,很是烦人。怎么才能使新买的毛衣不掉毛呢?最重要的是第一次清洗,至少要做到以下4步:

1. 冷冻毛衣:新买的毛衣连着包装放到冰箱的冷冻柜里冻24小时。
2. 加盐浸泡:取出毛衣,放至室温,然后用30摄氏度的温水加盐,浸泡4小时。
3. 肥皂清洗:取出毛衣,重新加水,用肥皂将毛衣清洗一遍。
4. 米醋浸泡:加入清水和米醋,浸泡半个小时,拧干晾晒即可。

## 第二节 萃取休闲活动

健身、减肥、旅行、拍照、抢票、停车、APP 使用……诸多休闲领域都可以萃取经验。

**案 例**

### 瑜伽如何入门

如果你经常感觉肩颈、腰背不适，压力大、睡眠质量差，可以通过练习瑜伽改善。

瑜伽如何入门呢？

1. 装备：购买必备道具"瑜伽垫"。瑜伽垫只推荐橡胶垫！

2. 体验：团购专业瑜伽馆的体验课，找顾问推荐一位适合初学、讲课注重动作细节的老师约课。

3. 口令：上课前弄清基本口令的意思，如"超伸""外/内旋"等。

4. 上课：仔细聆听老师口令，如尽全力做到自己的极限。

5. 感受：集中注意力，将知觉放在身体的每一寸皮肤、肌肉、骨骼的感受上，放空大脑。

**轻松挑战平板支撑**

你想轻松挑战平板支撑吗？做好下面四步，可以轻松坚持3分钟。

1. 热身：热身运动要充分。请在进行平板支撑前，进行5～10分钟的慢跑，同时要做肌肉拉伸活动。

2. 调整：调整标准要及时。在1～2分钟后发现动作变形或注意力不集中时，及时纠正。

3. 激励：激励自己要坚持。在2分钟后，当身体肌肉开始颤抖时，激励自己要坚持下去。

4. 放松：放松肌肉要注意。在运动完成后，需进行约20分钟的放松肌肉活动。

**上班族如何将健身进行到底（萃取认证班学员张娜提供）**

结束了一天忙碌的工作，仅有的休息时间还要用来学习、锻炼和陪伴家人；办了健身卡，都快过期了还没去几次……我们似乎每天都有各种各样的理由不去健身。到底怎样才能让自己坚持下去，将健身进行到底呢？其实最重要的是要养成锻炼的习惯。

1. 给自己定一个时间表，比如每周二、四、六下班后抽出2个小时去健身。

2. 树立一个小目标，可以是周目标、月目标、年目标，做好记录。

3. 寻找几个有健身爱好的小伙伴，互相监督、激励。

4. 选择多种健身方式，增加健身的兴趣爱好。

5. 达成目标后，记得奖励自己。

## 千里之行始于足下，长距离暴走五字决

长距离暴走非常不容易，如何才能坚持走完全程呢？备、调、醒、念、结，五字助你一臂之力。

1. 备：做好事前准备。水、药品、运动装备是必须准备好的，同时要做好心理准备。

2. 调：调整阶段速率。第一个10千米以100%的行走速度行走，第二个10千米以80%的行走速度行走，最后15千米以60%的行走速度行走。同时适当延长休息时间。

3. 醒：提醒目标距离。根据路标提醒自己与终点的距离。

4. 念：激发信念力量。目标导向，用意志力与信念坚持。

5. 结：结对与伴同行。找到速率相同的伙伴一起向目标前进。

## "白"跑一趟——小白5千米长跑速成

全民热跑时代来临，没有长跑经验的人如何坚持跑完5千米呢？大神教你四招。

1. 准备：热身准备5分钟！跑前压腿，活动关节让身体完全舒展开来。

2. 适应：适应身体自然跑！前期根据自己身体状况轻松跑完2千米。

3. 激励：激励自己坚持跑！通过跑步软件分小阶段目标持续激励跑完3千米。

4. 缓停：快步走2千米缓停！消除身体紧绷感，放松肌肉后缓慢停止。

## 如何做好爬山前准备工作

秋高气爽，正是爬山好季节。但是，经常在网上看到有人爬山出意外的新闻！如何做好爬山前准备工作，保障安全游玩呢？主要做到"五要"。

1. 装备要齐全：提前备好衣帽、鞋袜、登山杖、雨具。

2. 路线要精确：提前下载并熟悉"六只脚"APP和GPS轨迹图。

3. 时间要可靠：提前查看天气预报，晴天行，雨天止。

4. 人员要报名：提前了解"活动通知"等信息，注意责任免除声明。

5. 急情要处理：提前准备急救包，并规划撤走路线。

## 如何减肥

很多人都想减肥，天天喊着要减肥的人也不在少数，但能成功减肥的人百里挑一，减肥成功后能长期保持的又不到1/3，那如何成功减肥呢？

1. 动力要强化。弄清楚自己为什么要减肥，肥胖影响了自己的健康，肥胖毁掉了自己的形象，肥胖毁掉了自己的前途。找到痛点，才能激发动力，增加能量，让行动持续下去。

2. 目标要细化。减肥目标要分解到季度、月度、每周、每天。制订每天的减肥行动计划，落实到每天的饮食运动中。

3. 行动要僵化。每天的饮食运动必须严格执行，不要找借口。每天称体重，检讨目标有没有达成，没有达成分析原因，做出纠正措施。

4. 成果要固化。达成减肥目标之后，要把长不胖的日常行为模式养成日常的生活习惯，固化成果。

### 御寒五步走，让你的冬天不再"冻"人（萃取认证班学员李英提供）

已经到了 12 月，怕冷的小美每天把自己裹成粽子一样去上班，好羡慕那些穿得轻薄的人，可是自己又非常怕冷，该怎么办呢？最重要的是掌握一些穿衣技巧，可以从以下 5 个方面进行。

1. 暖：选择温暖的衣料，如果不想在裤子里面再穿秋裤，可以选择羊毛材质的裤子，这样即使不穿秋裤也不会觉得冷。

2. 叠：叠搭穿衣，衣服不一定是穿得越厚越暖和，多层叠搭相对而言可以更好地保证热量不流失，如果有风，外套一定要选挺括面料的。

3. 泡：按时泡脚，可以晚上烧一壶热水，边泡边加水，直至把一壶水用完为止。泡脚可以有效改善局部血液循环，驱除寒冷。

4. 贴：贴暖贴，暖贴可以极大地改善局部畏寒状况，比如脚底、腰腹等部位，可以选择使用，暖贴不仅见效快，而且持续时间长。

5. 吃：多吃御寒的食物，如富含高蛋白的鱼肉、瘦肉，富含维生素的胡萝卜、南瓜，以及其他热汤、热粥、热茶等，但要注意适量，避免摄入过多。

### 一会成名——如何成功组织校园社团晚会

如何组织成功的社团晚会来提高社团在高校的存在感？

1. 节目："谋划"爆品节目。策划动漫舞台剧，引入外部社团精彩节目，设计互动环节小节目。

2. 宣传：推动宣传造势。海报宣传无死角，传单飞进宿舍，利用学生会渠道宣传。

3. 预算：编制成本预算。场地租赁和音响费用、互动礼品费。

4. 团队：组建靠谱团队。明确主持人、表演者、化妆、舞美、后勤组人员的任务，明确副导演对总导演的支持任务。

5. 场地：甄选合适的场地。舞台大小、观众位置、空间、音响、灯光的效果。

### 不敢去旅行，别说你真的懂得让生活变快乐

每个人都曾有这样的感受，时间不停流过，除了年纪和工作时间会增加外，快乐感没有增加，又没有勇气改变。如何改变自己的人生态度、让自己有快乐的状态？重点在于提供新的角度来改变生活的重点。只需5步，让你愿意提起勇气，改变生活，找到新的快乐。

1. 离开：离开平常生活的环境，旅行是最好的开始。

2. 成就：去自己没去过的地方，通过连续的小旅行来创造更大的动力。

3. 放下：旅行几次后，就会放下成见。明白要亲自去走去看后，再下结论。

4. 改变：旅行中带来的新视野和经验，会大大提高改变现状的意愿。

5. 分享：最后将自己的旅行成果和感受不断分享出去，快乐的循环就形成了。

### 做好攻略，让你的出行"游"刃有余

"十一"到了，小美准备约朋友一起出去玩儿，但由于正逢国庆假期，各景点人满为患。怎样才能玩得开心呢？最重要的是制订好旅游攻略，至少要做到以下6点。

1. 确认出行的时间，包含出发时间、逗留时间等。

2. 确定出行目的地，如上海迪士尼。

3. 预订机票和酒店，选择合适的飞行时段，酒店选择要注意与景点之间的距离。

4. 绘制行程安排图，可以采用思维导图的方式，绘制出行期间每天的日程安排。

5. 征求意见做调整，在完成行程安排后，发给同行人确认，然后做相应调整。

6. 制作物资清单表，结合景点情况信息，列出需要携带的物品清单，如带防晒霜、运动装等。

**做好功课，让你的生活"留"光溢彩（萃取认证班学员李英提供）**

随着家庭生活水平的不断提高，现在越来越多的家长选择把孩子送到国外去留学；很多人是第一次出国，毫无经验。怎样才能把留学生活安排好呢？最重要的是做好功课，至少要做到以下6点：

1. 提前找好房子，结合距离学校情况、社区安全情况、周围商圈情况等综合考虑。

2. 开通当地手机网络，选择适合自己的手机套餐服务，这会极大地方便出行。

3. 选定自己的课程，根据学校安排、导师介绍和同学推荐等方式确定课程安排。

4. 参加校园组织活动，根据个人兴趣，选择相应的社交群，拓展交际范围。

5. 熟悉交通路线，如果你选择使用公共交通出行，可以用谷歌地图熟悉地铁交通线路。

6. 实地走访周围商圈，实地逛逛周围的超市、便利店和商场，可以极大地方便生活。

### 如何选出旅游小组组长

每次公司旅游都要分组选出小组长,但是选小组长很伤脑筋,要怎样才能快速选出小组长呢?有5个方法:

1. 自荐选:给主动积极的人展示自己优势的机会。

2. 推荐选:推荐认为最合适的人来当。

3. 抽签选:候选人优势难分上下,那就抽签决定吧。

4. 竞争选:想当的人太多,各自演讲展示才能,选出最合适的人。

5. 指定选:在没有人愿意出来当组长的时候,由公司领导指定某个员工来担任。

### 如何拍出满意的自由潜照片

许多人去海边游玩的时候,都觉得拍出的照片质量不高。怎样拍出高质量的照片呢?有机会的话一定要尝试拍自由潜的照片。

1. 明确前提条件:必须会游泳,而且最好尝试过在泳池潜水。

2. 选择拍摄地点:最好选择海底风景好的海域,保证环境美美的。

3. 准备装备、人员:选一件最漂亮的泳衣,聘用一个审美在线的摄影师,使用合适的相机。

4. 拍摄注意事项:水下拍摄时注意及时排耳压,下潜后不要游得太快,以免照片模糊。

5. 挑选满意照片:拍完待摄影师美化后,挑选你最美的照片吧。

## 第三节　萃取情感

同理心、倾听、哄老婆、夫妻吵架、处理婆媳关系、规劝父母……诸多情感主题都可以萃取经验。

**案 例**

### 如何培养同理心

情绪驱动人，人驱动绩效。当我们不能很好地倾听对方表述的情况时，会产生很多不必要的冲突跟麻烦。如何解决情绪问题带来的冲突？关键点之一在于，怎样培养同理心。七问培养同理心：

1. 探索自我问情绪。观察内在情绪，识别当下情绪模式。
2. 分析人格问特质。就不同特质类型人群，进行行为模式识别。
3. 匹配场景问关键。研究冲突易发情境，甄别冲突关键点。
4. 选择应对问方案。不同情境冲突处理，构建应对解决方案。
5. 权衡方案问利弊。确认方案可行性，进行利弊分析权衡。
6. 换位思考问复盘。能否认同对方观点行为，进行情境再现。
7. 同理他人问选择。选择希望还是恐惧，决定了是否同理他人。

### 你会"听"话吗，倾听六步曲（萃取认证班学员谢然提供）

善于倾听，掌握并运用倾听的艺术，不仅是对客户的尊重和认可，更可以充分了解客户的心声和要求。在与客户交流中，你是否因为不会听，错失最佳的销售机会？六步教你"听"的艺术。

1. 用心专注：用心地去"听"，清楚地听完对方所说的信息，排除沟通过程中的障碍，正确解码对方要表达的意思。

2. 积极确认：在对话过程中，可通过一些拟声词如"哦""啊""是吗？""没错"和肢体动作如点头等举动让对方知道你在认真地听。

3. 正确反应：在沟通过程中，通过反馈信息、提问等方式，保证所听到和理解的信息与对方表达的信息一致，确保沟通的通畅。

4. 控制情感：控制自己的情绪，保持冷静的头脑，积极调整心态和思维，客观、积极、主动听取对方的信息。

5. 找准感觉：在交谈中，可以通过非语言的信号如面部表情、眼神、说话的语气，观察和感觉对方没有说出的意思。

6. 合理表达：在真正了解对方所传递的信息、清楚对方的意图和目的后，以合理的逻辑组织方式表达自己的意思。

### 媳妇生气到底应该怎么哄（萃取认证班学员张娜提供）

都说女人心、海底针，新婚宴尔的小明表示，刚刚还好端端的，一句话没说好立马变毛，赶紧道歉吧，嫌你没有诚意；不道歉吧，说你不爱她了。媳妇生气的时候到底应该怎么哄？其实最重要的是要有一个真诚认错的态度。处于水深火热之中的男性朋友赶紧看一看吧！

1. 认错要诚恳。干巴巴一句"我错了"可能会适得其反，应当是"诚恳认错表态度，解释原因零借口，深刻反思表决心"。

2. 营造好氛围。做些她平时希望你做的事情，让她尽量心情愉悦，比如打扫卫生。

3. 礼多人不怪。带她吃顿大餐，或者给她准备惊喜小礼物。

4. 可以搬救兵。邀两个人共同的朋友一起活动，有外人在更容易扫清情绪的阴霾。

### 七招闪避夫妻吵架（萃取认证班学员管阳阳提供）

2016年10月，小美和小张结婚了，婚后两个人经常因为小事争吵，终于有一天，两人之间爆发了一场大"战争"。在婚姻生活中，如何避免夫妻吵架呢？可以参考以下7个步骤，其中最主要的是相互充分沟通。

1. 双方多做家务，用行动向对方表明对待婚姻的态度。
2. 彼此学会赞美，用积极的眼光发现平凡生活中的美。
3. 相互充分沟通，真正了解对方思想境界，深入理解。
4. 经常制造惊喜，在纪念日等时机给予对方爱和礼物。
5. 多学习提修养，实现由内心成长而影响爱的行为。
6. 与和睦夫妻交友，构建和谐健康的社交生态环境。
7. 适当保持沉默，退一步也全是因为爱。

### 如何规劝父母（萃取认证班学员管阳阳提供）

父母有不足时不好说，说了他们还不听劝，如何有理有据地与父母沟通他们的不足，让他们心平气和地接受？解决这一问题只需5句话。

1. 确认：一定且必须点明的点。
2. 思考：用什么语调语气说事。
3. 探索：说每个点时可能会遇到的问题、挑战及应对方法。

4. 寻找：仔细找出平时相处中能够支撑该点的案例。

5. 彩排：没事就在脑海中彩排，不断完善表达。

## 如何与婆婆搞好关系

在中国，婆媳关系是家庭中最难处理的关系之一，那么如何处理好婆媳关系？最重要是换位思考，具体如下：

1. 需求：婆婆日常需求要留心。

2. 首位：把婆婆需求放在首位。

3. 思考：遇到问题要换位思考。

4. 实施：寻找机会马上实施。

## 第四节 萃取育儿

新生宝宝打针、亲子阅读、负面情绪、爸爸带娃、辅导作业、学会分享……诸多育儿主题都可以萃取经验。

**案例**

**如何培养新生宝宝的睡眠习惯**

新生宝宝夜晚频繁醒来喝奶,不优质的睡眠会影响宝宝正常的身体、大脑发育,而且影响父母第二天的工作状态。因此如何培养小孩的睡眠习惯至关重要,可以通过以下解决:

1. 哭:晚上9点左右,让他哭会儿(既对小孩肺活量是个锻炼,又能消耗小孩多余的体力)。

2. 抱:抱起来安抚情绪,并换好尿不湿。

3. 喂:晚上9点半左右喂奶,让他自然睡着。

4. 补:半夜2点左右如果醒了,立刻喂奶、不要抱(会弄醒宝宝,也会让宝宝产生依赖)。

**如何让2岁宝宝打针不哭(萃取认证班学员罗依芬提供)**

小孩子打针很容易哭闹,该怎么让孩子不恐惧、不哭闹呢?奉上打针不哭 4 步法。

1. 打：打好心理基础。家长可以给孩子提前预告一下，打好心理预防针，不要一句话不说直接带孩子去打针，孩子会吓到。

2. 针：针对示范练习。在家里可以让孩子模拟给妈妈或爸爸打针，让孩子觉得打针就像游戏。

3. 不：不看他人打针。打针前可以在外面等候，不要看其他孩子打针，如有孩子哭容易传染恐惧心理。

4. 哭：哭前转移注意。打完针孩子多半要哭一下，赶紧转移孩子注意力，弄点吃的，或者玩具，不让孩子沉浸在情绪里。

## 如何与 3 岁孩子亲子共读

每一个父母都想利用有限的时间高质量陪伴，但是，实际与孩子相处的时候，不知道怎么陪伴，每天持续 30 分钟的亲子共读可以帮你实现有效陪伴，具体如下：

1. 固定时间：固定每天睡前 30 分钟是与孩子的共读时间。

2. 示范阅读：将提前选定的绘本绘声绘色地讲给孩子听。

3. 提问引导：在讲解过程中，要通过提问与引导调动孩子参与。

4. 独立阅读：要鼓励孩子听完之后复述给自己听。

5. 持之以恒：量变达到质变，最重要的是每天坚持。

## 如何缓解孩子的负面情绪

青春期的孩子，情绪起伏不定。孩子的负面情绪该如何缓解呢？关键要做好以下 5 步骤。

1. 准：父母要通过孩子的言行表现，准确判断孩子的情绪。

2. 稳：父母要保持自己情绪平静稳定，不受孩子情绪的影响。

3. 深：父母在自己情绪稳定的情况下，深入询问耐心聆听原因，看孩子发生了什么事。

4. 慎：明确孩子的需求，帮助孩子一起分析利弊，慎重选择需要。

5. 真：最后和孩子沟通一致，要让孩子感受到真诚可行。

### 如何让爸爸心甘情愿带好娃

身边的妈妈们都希望孩儿他爸多带带娃，而事实往往是爸爸要么不愿带，要么带不好。那么，如何让孩儿他爸愿意带娃并把娃带好呢？关键有这几点：

1. 找时机：孩子还小的时候，妈妈就要找准时机跟爸爸沟通带娃这件事。

2. 赞表现：对爸爸做得好的地方（哪怕一点点）一定要大加赞扬。

3. 表满意：妈妈一定要表达对爸爸带娃的满意之情。

4. 迁能力：妈妈联想到爸爸工作中的能力并告诉他，让他把工作能力成功迁移到带娃上。

5. 获认同：让爸爸认识到自己带娃有了很大进步。

6. 激持续：妈妈通过不断地赞扬和认可，让爸爸内化自己是带娃能手。

### 如何让做作业拖沓的孩子按时完成作业

有很多家长面对孩子拖拖拉拉做作业时，心里很着急，有什么办法可以解决呢？关键是制订作业完成规则，建立标准，可以通过以下5步法来完成。

1. 先分析：给孩子分析做作业时的拖沓情况。

2. 定时间：和孩子一起重新确定作业完成时间。

3. 趣味罚：给孩子确定出现拖沓的行为时所对应的趣味惩罚。

4. 多奖励：达标时给孩子相应奖励。

5. 用工具：用时间提醒器设置做作业的时间。

## 如何让孩子学会分享

很多孩子因为生活在万千宠爱之中，慢慢就会表现出一些自私的行为，如何让孩子乐于接受分享呢？关键要激发孩子对分享的兴趣及在分享过程中能够体会到的益处。

1. 激发：邀请他来玩一个分享的游戏，激发他的兴趣点。

2. 游戏：制订游戏规则，比如快速把水果吃完，但吃水果时只能喂对方，不能喂自己。

3. 鼓励：询问他别人喂水果时是不是吃起来更香甜、更有趣。

4. 提炼：总结分享水果中的乐趣，提炼分享的益处。

5. 共识：在分享的观点上和孩子达成共识，以后生活中也要像分享水果一样分享其他东西。

## 如何处理孩子不想学习的情绪

现在不少孩子都在上各种课外补习班，随之而来的是家长要面对一些孩子不想学习的抱怨，情绪处理不当影响的是伴随孩子一生的学习兴趣和意愿。如何处理孩子不想学习的情绪呢？情绪处理4部曲来帮你。

1. 倾听：沟通之前，要保持平等的沟通环境，认真聆听孩子抱怨情绪背后的真实原因。学习内容偏多时，孩子面对重大任务容易变得没有信心。

2.同理：孩子的心智尚不成熟，在此事上应该同理孩子的情绪，使其能够平复心情。

3.陪伴：将一个大的学习目标分解为若干个小目标，并陪伴孩子一同学习。

4.鼓励：在学习过程中，善于发现孩子的优点并进行鼓励，一步步帮助孩子建立起自信，并用实际行动告诉孩子，问题是可以通过方法解决的。

### 如何辅导孩子写作业

辅导低年级孩子写作业是家长每天必须完成的事情，但很多家长没有很好的辅导方法。如何有效辅导孩子写作业，让孩子养成良好的写作业习惯？重点在于引导孩子认真观察课本例子，并试做，具体步骤如下：

1.观察：引导孩子观察例子，通过提问，结合课程知识点学习例子。

2.总结：总结例子完成标准，对重点和难点加以强调。

3.试做：选择题目尝试完成，可试做 1~2 题。

4.反馈：纠偏鼓励试做题目，强化知识点，鼓励行为。

5.引导：引导孩子独立完成余题。

6.评价：自我评价总结提高，让孩子对自己的作业进行评价，总结做得好与不好的原因。

### 如何与儿童沟通

现在小孩子人小鬼大，常搞得家长们焦头烂额，如何与小朋友进行有效沟通？最重要的是要创造一个和睦温暖的家庭氛围。主要步骤如下：

1. 平等相处，不宜居高临下、气势凌人地俯视小朋友，可如亲密朋友般和小朋友平等相处。

2. 完全信任，做到无条件信任小朋友，并且不欺骗小朋友。

3. 多赞少损，多赞美少批评，赞美要及时贴切，批评宜委婉动听。

4. 和睦互助，在集体生活中需团结互相，特别是家庭成员之间要和睦共处、温暖关爱。

5. 多察少言，对小朋友要多加关注，少替其操心，少管其闲事，忌啰唆。

6. 身教言传，身教重于言传，先做好自身，才能树立威信，起到管控作用。

7. 伺机纠正，选择最佳时机纠正小朋友的关键缺点。如在饭前、睡前或冲凉前温和"审讯"，小朋友比较乐于接受；最好不要在其忙于作业或看电视、玩游戏、下棋时训斥。

## 如何给孩子讲故事

给孩子讲故事是提高孩子智商、情商的重要方法，但很多妈妈不会讲故事，怎样让孩子听了故事有收获、有成长呢？重点是要有互动。具体步骤如下：

1. 准备要细心。提前准备合适的环境和互动的道具。

2. 自选要耐心。让孩子自己挑选故事读本。

3. 互动有童心。用问答、角色扮演等方法来互动，引导孩子思考。

4. 承诺有决心。引导孩子学习好习惯好品质，并承诺践行。

## 第五节　萃取爱好

写诗、画画、打球、摄影、弹琴、泡茶、写作、钓鱼、演讲、剪纸、训狗、做PPT……诸多爱好都可以萃取经验。

**案　例**

### 如何写一首诗

生活中经常有人问我怎么写诗歌，他们觉得写诗是一件很难的事情，很多时候根本下不了笔。那么我是怎么写诗歌的呢？关键要先梳理写诗的流程，可以通过以下5个步骤完成。

1. 定主题：先确定一个且只能确定一个主题。

2. 酿情绪：提笔前先酝酿你想表达的情绪，奠定感情基调，构思与主题相关的意象。

3. 拟初稿：按思路写完初稿，切勿边写边改，保证诗歌流畅性。

4. 磨词语：逐一反思每一关键字句，选用更恰当生动的词语。

5. 梳逻辑：通篇朗读一遍，确保通顺流畅后收笔。

### 如何挥洒一幅水墨画

我们穿梭在钢筋水泥的丛林中，为孩子、为父母、为爱人忙忙碌碌，极少能够审视自己，和自己对话。画国画是一种很好的和自己对话的方式，是一种极好的修身养性方式。画国画难吗？国画要如何入门？这些都不重要，重要的是你要有画国画的决心和信心。一幅水墨画一般都是这样完成的：

1. 焚香要清雅不俗。焚燃一种自己喜欢的香薰，营造氛围，但注意香薰一定要清雅不能太浓郁。

2. 工具要齐全不缺。宣纸、笔、墨、颜料、镇纸等要准备好，以免下笔时因缺工具而手忙脚乱。

3. 构图要注意疏密。国画注重的是留白，构图要注意疏可跑马、密不透风。

4. 挥毫要一气呵成。落笔要果敢，可急可缓，但要一气呵成，不可犹犹豫豫。

5. 落款要不偏不倚。落款盖章的位置要合适，不偏不倚，不然前功尽弃。

## "羽"出惊人——快速学会打羽毛球五步法
### （萃取认证班学员李英提供）

小美刚被同事邀请一起参加下周公司举行的羽毛球赛，已经定好了时间和场地，可是小美的球技很差，如何在短时间内提高羽毛球技术呢？最重要的是要掌握好技巧，可以从以下5方面入手：

1. 选择自己的站位点，球场站位按照所在位置分为6个点，要明确自己的站位点。

2. 保持接球状态，这样可以最大程度节省时间，避免因反应不及而接不到球的情况。

3. 调整全身协调性，打羽毛球其实不仅仅考验单臂的力量，全身的协调性更为重要。

4. 构建发球平衡面，发球时双手要打开，各为一个平衡点，两点相交形成一个平衡面。

5. 使用相应步法，在发球和接球时，注意步法，保持自己的节奏。

## "照"之即来——浅析正确的单反相机拍照步骤
### （萃取认证班学员廉潇宇提供）

广大摄友经常会使用单反相机拍照；然而，在拍摄过程中经常会出现曝光过度、脱焦、构图不美观等诸多情况。那么，如何避免上述情况的发生呢？想拍出好照片，必须掌握正确的单反相机拍照步骤，具体流程如下：

1. 查：开机查。开机检验相机状态是否正常，有无报错及电池使用情况，避免自动关机。

2. 调：调参数。调整光圈、快门、ISO参数，以适应不同拍摄环境，确保照片曝光正常。

3. 构：构好图。用九宫格法将人、景、物放在取景框的正确位置上，让构图符合美学原理。

4. 对：对准焦。选择对焦区域，半按快门将对焦点放在被摄主体上，直至出现合焦提示。

5. 按：按快门。在准确对焦后按快门进行拍摄，按快门时不要晃动相机，防止图像模糊。

6. 观：观结果。拍摄后按回放键看拍摄效果，分析亮度、色彩及构图是否符合拍摄意图。

**标准 5 步走，让学员秒变摄影大师**

陈老师经常指导学员制作微课。在辅导中，陈老师发现多数学员拍出来的照片"惨不忍睹"。那么，怎样让拍出来的照片更美观呢？为了让他们掌握常用的摄影技巧，具体要做好以下 5 步。

1. 辅导学员掌握常用景别类型，如近景、远景及特写等。
2. 辅导学员掌握常用构图方式，如黄金分割法、三分法等。
3. 辅导学员掌握常用布光方法，如环形光、伦布朗布光等。
4. 辅导学员现场演练所学技能，一对一指导学员综合运用。
5. 对学员的优秀作品现场点评，鼓励学员在演练中持续改进。

**"琴"学苦练，学好古琴就 5 步（萃取认证班学员于燕提供）**

5 万元一张的古琴弹出的声音还不如 2000 元一张的练习琴，为什么？新手进了琴社都会出现这个问题，怎么能够快速让你的琴物有所值，记住下面这 5 步就好了。

1. 提前听：能熟练哼唱曲目。
2. 自己练：自己练习下次课程内容，能脱谱弹奏。
3. 认真听：按时上课不缺课，认真听老师的示范与讲解。
4. 录重点：用手机或其他电子设备录下老师的示范动作，与有针对性指导时的指法。
5. 拼命练：下课后，参照之前录好的录像，新曲子每天练习 10 遍以上，旧曲子至少练一遍。

**明"茶"秋毫，教你泡出一壶好茶（萃取认证班学员迟迅提供）**

一缕茶香，沁人心脾；喝一壶清茶，心情也会随之悠扬清远起来。一起喝茶的朋友多了，常有人会问：为什么我泡的茶没有别人泡的茶香呢？其实茶也有自己的"脾气禀性"，要顺其性、懂其理，才能泡得一壶好茶。

1.味道各有千秋：比如红茶醇香、绿茶淡雅、普洱厚重，各有千秋。

2.容器各有所需：乌龙、普洱适合用紫砂壶，绿茶、白茶适合用盖碗。

3.水温各有喜好：绿茶、白茶最好避免开水烫，乌龙、普洱要用开水泡。

4.浸泡各有长短：泡乌龙时要以秒为单位，泡普洱就可以不用计时精确。

### 妙"趣"横生，五招助您练成"笔杆子"

写作是每个人的必备技能，职场中无论什么岗位，都有面对写公文、邮件或者工作总结的时候。但很多朋友的"烂笔头"简直是自己的硬伤，还有的朋友平时"懒提笔""提笔难"，导致写作水平较差。如何才能让自己的写作更加顺利，让自己练成"笔杆子"呢？最重要的是要培养写作兴趣，相信以下五招一定可以帮到你。

1.环境熏陶：写作反映的是一个人的文字修养，身边如果有这样的环境长期熏陶，多买这类书，相信你一定会产生写作兴趣。

2.多方积累：有了好的环境，要多看多读诗词、散文，体会文字之美，并且经常摘抄好的文字，进行反复学习，也可以看文史类题材影视作品等，假以时日你必定会腹有诗书气自华，爱上写作。

3.多写多练：积累到了一定程度，对很多东西你都会信手拈来，自然而然就有了写作的欲望，这时不妨多写多练，对各式文体都进行尝试，写作的功底随之就会深厚了。

4.伙伴鞭策：对写作产生了兴趣后，你会发现身边有很多志同道合的小伙伴，大家可以经常相互勉励，督促进步，畅谈看法，伙伴之间亦师亦友，进步就更快了。

5.效果激励：当完成了好的作品时，要记得阶段性奖励自己一下。

## 太公钓鱼，大鱼上钩

钓鱼是一项非常有意思的活动。钓到大鱼可不容易，那怎么钓到大鱼呢？8大步骤，大鱼上钩。

1.鱼竿：选一支结实有韧性的长鱼竿。

2.钩线：选择结实承重好的钩线。

3.鱼饵：买钓大草鱼专用鱼饵。

4.选地：选择水面宽阔的深水水域。

5.甩竿：将钩线用力甩向深水水域。

6.看标：耐心等待，浮标颠簸换鱼饵，浮标下沉开始溜鱼。

7.溜鱼：鱼线收收放放需一刻钟时间，收得太急会断线。

8.收竿：大鱼挣扎变弱，缓慢收竿，防止断线。

## 如何克服上台紧张

从事培训工作者，需在各种培训场合担任主持人上台开场。然而人不是生来就敢上台的。怎样才能让培训工作者在讲台上从容自如，不紧张呢？可通过以下几步完成。

1.日常多练：参与公众说话一次/月。

2.台前准备：台前演讲内容熟练，了解观众信息，提前预演。

3.工具辅助：借用工具呈现部分演讲内容。

4. 心理调节：保持呼吸均匀，暗示自己"你能行"。

5. 大声讲出：说话流利，声音洪亮。

### 如何学会剪纸

我们经常看到不少商场或家居店用剪纸进行装饰，把室内布置得非常有气氛。许多朋友也想用剪纸布置家居，但不知怎么才能剪出心仪的作品。剪纸有哪些要诀呢？下面为大家介绍剪纸的5个步骤：选，画，修，剪，贴。

1. 选：选纸色彩看环境。纸张色彩要与墙壁和周边布景相结合。

2. 画：画图题材看情景。如圣诞节、春节等选择相应的图案并画出纸板。

3. 修：修整图形看连接。修改图形时要注意相互连接处，否则容易剪断。

4. 剪：剪刀选择看路径。剪纸的剪刀有很多种，依据路径选择合适的。

5. 贴：粘贴装饰看气氛。将剪纸粘贴在需要的位置，在周边加些心形、气球、星星、花朵等简单装饰来配合烘托气氛。

### 如何十分钟做出PPT

PPT是职场江湖的利器，但很多人短时间内做不出好看的PPT，做出好看的PPT关键在于搭建好PPT架构，具体如下：

1. 定：锁定主题。迅速确定好PPT要体现的主题与方向。

2. 搭：搭建架构。在纸上写出本次PPT要体现的要点与分点，形成架构，最终确定3～5个为宜。

3. 搜：搜集素材。根据要点找出能够支撑的素材，包括图片、文字、视频等，并放在一个文件夹。

4. 填：填充内容。将以上素材放到PPT中，结合文字进行编辑。

5. 调：调整美化。对字体大小、图片呈现、版面色彩进行调整，找到舒适的状态为止。

6. 审：审核输出。最后从逻辑、思路、版面角度各审核3遍以上。

## 如何做有影响力的志愿者

面对各类名目繁多的公益活动，大家在参与时常常有呼声难行动，如何成为具有正向引导力的志愿者呢？关键是明辨组织背景、坚持不懈，具体做法如下：

1. 确认：组织资质在官方平台可查，曾经的活动有迹可循。

2. 预留：时间安排需要比预计日程多留出3~5天。

3. 承担：对自己擅长的各类工作勤申请、不推脱。

4. 保持：形象良好，积极阳光，常带微笑，真诚亲和，耐心有礼。

5. 发挥：充分展示个人才艺，带动氛围。

6. 传播：对活动中的正能量事件随时随地通过朋友圈等平台进行宣传。

7. 诚信：遵守组织纪律，统一行动，善始善终。

## 如何让宠物听你的话

很多人都非常喜爱饲养宠物，但是能养宠物不代表会教宠物。如何让你的宠物跟你良好相处呢？必须有下面的7个步骤。

1. 认知重构化：理解宠物与人思维模式的不同。

2. 指令口头化：开始训练的时候，先口头下达简单指令。

3. 反应行为化：宠物会给予不同的行为反应，或没有反应。

4. 调整肢体化：通过人的肢体来进一步协助宠物理解口头指令。

5. 奖励食物化：一旦宠物做对了，要立即给予食物做奖励。

6. 练习重复化：一次训练可做 5~6 次重复。

7. 行为习惯化：持续每天或定时训练，直到宠物行为变成习惯为止。

## 第六节 萃取学习

学习力、保持热情、听书、写书、写论文、目标管理、学习历史、整理桌面……诸多学习领域都可以萃取经验。

> **案 例**
>
> ### 如何提高学习力
>
> 随着知识更新速度越来越快,学习力已经成为个人的核心竞争力。如何提高学习力?知识的萃取是非常重要的一环。
>
> 1. 收集:收集相关信息不少于10条,只有收集的信息足够多,达到一定的广度,才能避免知识狭隘。
>
> 2. 分类:按照一个纬度对信息进行分类,比如按照性别或者年龄进行分类,如果既按性别又按年龄,分类会变得混乱。
>
> 3. 排序:按照时间先后、程度、重要性等进行排序,保证有内在的逻辑关系。
>
> 4. 口诀:通过口诀进行信息呈现。这一步非常重要,通过口诀转化为自己的语言,好记又方便理解。

## 如何让自己持续保持热情

生活中你是不是总觉得做事没劲，诸事不顺呢？怎么让自己持续保持热情呢？其实关键是要保持长期价值总结习惯，主要参考以下步骤：

1. 收：通过至少 3 个相关参与人收集信息。
2. 寻：通过他们寻找到信息中的不同亮点。
3. 验：通过其他人的相互评价进行验证说明。
4. 宣：公开进行宣传，放大大家说明的亮点。
5. 做：根据亮点持续执行，让自己相信结果。
6. 萃：结合结果，保持及时总结价值点的习惯。

## 如何在听书中提高自己

在上班途中这段时间，你干什么了？大多数人都在休息。你可曾想过利用这段时间？下面给你 4 步，利用听书来提升自己。

1. 话题：选择兴趣话题。比如对哲学感兴趣，就选择哲学。对心理学、经济学或管理学感兴趣，就选择相应的频道。

2. 时间：选择空闲的时间。比如早上 7 点左右，在上班路上，利用坐班车或坐地铁时间听书，这时头脑清醒。不要选择下班后，因为这时大脑很疲惫。

3. 习惯：形成固定习惯。有统计分析，一件事重复 21 遍，就会成为一个习惯，听书也是如此。

4. 应用：择机实践应用。在工作和生活中，要有意识地应用，以便掌握。

## "七定"搞定自己的专著

作为培训师，大家都希望有自己的专著，怎么能快速实现这一目标呢？关键是要合理谋划，可通过以下几步完成。

1. 编框。根据积淀和企业、社会需求，合理谋划编制框架。

2. 审项。在整体框架下，对分项课题进行逐个审定。

3. 推出。按计划分步适时推出专项课题，并评估效果。

4. 合编。根据评估，及时完善提升，并进行合编。

5. 审定。为确保权威，邀约不少于5名业内专业人士进行审定。

6. 联系。通过平台或朋友圈发布意愿，征求及联系出版方。

7. 定稿。根据需要签订协议，严格按协议送交终稿。

## 如何让学生自信满满地撰写毕业论文

一年一度的远程教育本科论文指导工作又要开始了，想必这项工作让很多老师头痛吧。虽然老师们都秉承认真负责的态度对待每一个同学，但是无奈一些同学对毕业论文写作无动于衷，推三阻四，最终导致要不无法及时上交终稿，错过毕业答辩；要不匆忙赶写，质量低下。如何让学生自信满满地撰写论文呢？关键在于发现学生写作困难的主要原因，具体操作步骤如下：

1. 沟通：沟通鼓励。开题前了解学生的基本情况，充分利用同理心理解学生的处境。

2. 建立：建立信任。通过沟通在论文撰写前建立起与学生之间的信任，以达到相互配合的需求。

3. 询问：询问难点。询问学生在论文撰写中遇到的困难和障碍。

4. 帮助：给予帮助。针对学生的情况给予针对性帮助，比如提供相关资料、合理安排时间计划的建议等。

5. 树立：树立信心。最后向学生传递一定能高质量完成毕业论文的信念，帮其树立信心。

### 如何做好目标管理，形成行动计划

每年都要制订工作计划，很多人上交计划后却从没照着计划执行过。为什么计划都是做完就完了？怎样才能因为计划而更有效率呢？做好目标管理，用6个步骤，为你自己设定一个可实践的行动计划！

1. 以终为始：确定在什么具体时间点，罗列出要创造的具体结果。

2. 量化目标：将结果具象化。用量化的单位，来作为衡量标准。比如收集10份竞品资料。

3. 按时拆解：将具体要的结果，按照时间的阶段性拆解成不同阶段性小目标。例：前两周各3个小目标，后两周各2个小目标，一个月后总共要10个小目标。

4. 检验标准：设定检验的阶段时间节点及核实的标准。

5. 计划表格：将上述内容表格化，每个参与者都需要有一份行动计划。

6. 按表操课：于检验的时间点，按照核实的标准做检验，并调整微调计划。

### 历史学习，新手要如何开始（萃取认证班学员李英提供）

小美的部门有一位同事，对历史非常熟悉，大家在茶水间说起这个话题，这位同事便跟大家做了一些历史知识的分享。小美很羡慕这位同事的学识，自己也很想把历史学好，可是关于历史的书籍浩如烟海，该如何入手呢？最重要的是要掌握一些学习方法，可以从以下五个方面进行。

1. 寻找规律。历史的发展是有规律可循的,在阅读的时候要善于发现规律,并在适当的时候在现实生活中对这些规律进行借鉴,这样可以让学习更有趣。

2. 跳出局限。在历史的学习中,要跳出一朝一代的局限,从整个历史发展的角度去思考,跳出当下的局限,从整体去进行思考。

3. 找到角度。对历史的解读有各种各样不同的角度,每个角度都有大量的证据、史实来支撑,在学习的时候要找到自己感兴趣的角度,继续进行下去。

4. 关注事实。历史书写的过程中,充满了各类谜案,这种谜案会引起更多人的关注,也有更多的非议,在学习的过程中要更多关注事实。

5. 关联记忆。在记忆史实的时候,要进行关联记忆,找出其中的内在关联,这样会让理解更综合、更全面。

**分门别类——教你正确整理电脑文件(萃取认证班学员张娜提供)**

电脑桌面乱七八糟,去年的资料怎么也想不起来藏在哪里,凭印象搜索关键词,费半天劲也搜不到想要的结果。有多少人不知道该如何整理自己的电脑文件呢?其实,我们只要学会正确给文件分类和命名,整理乱糟糟的文件不是难事。

1. 硬盘分区。根据自己的需要分配硬盘空间,比如:C盘是系统盘、软件盘,D盘是文件资料盘等。

2. 文件分类。把相关联的文件资料存放在一起,如果一个目录中文件较多不方便浏览,可继续建立子目录细化分类,但是要注意层级不要太多,否则会降低浏览效率。

3.正确命名。文件名称要与内容相关联，选择容易记住的关键词，名字里最好包括建立的时间。

4.定期整理。已经做完的文件要定期归档，不然你的电脑桌面就会是乱糟糟的。

## 第七节　萃取工作

电信、银行等不同行业，店长、客户经理等不同岗位，市场开发、管理、会议等不同主题……诸多工作类的主题都可以萃取经验。

**案 例**

**Word 哥！市场开发，居然可以这样搞**

**（萃取认证班学员于石桥提供）**

销售人员最头疼的任务要属新市场的开发，为什么呢？来到新市场，人生地不熟，任务还要完成，累！那么，怎样能快速开发市场，完成任务呢？记住这3点，事半功倍。

1. 风土人情要熟悉。利用网络、媒体等渠道，了解待开发市场的风土人情，选择合适的语言。

2. 资源分布要聚焦。了解待开发市场意向客户分布地区，蹲点该区域，重点突破。

3. 准备资料要带齐。梳理可以利用的资料，包括手册、单页、宣传片等，方便与客户沟通。

## "班"门弄斧——无压工作五要素（萃取认证班学员管阳阳提供）

每天工作已经非常繁忙，又担心下班以后还会被各种烦琐的事情拖累；好不容易盼到周五，又担心周末被工作的事情叫醒。掌握无压工作五要素，上班高效能，下班早回家！

1. 提前规划，有的放矢：将重要的事情提前有节奏地开展，主动掌控进度。

2. 分阶复盘，及时调整：对有问题的地方随时调整，以免在最后发现问题影响整体进度。

3. 优先进度，留出富余：做好时间管理，给后面留出弹性空间。

4. 提前预设，充分准备：对于可能加班的事项提前做好心理和资料准备，以便随时开工。

5. 主动悦纳，提高效率：好心情，好开始，高效率！

## 做好年会策划方案，领导对你刮目相看（萃取认证班学员刘懿提供）

又到了公司开年会的时候，如果你是第一次接受这样的工作任务，完全不知道怎样开展，如何圆满完成这项工作呢？做好充分的准备，主要从以下5个方面着手：

1. 了解资金和资源投入。年会的预算决定了其规模和档次，了解资金和其他可利用的资源，可以在做策划方案时做到心中有数。

2. 确认人选成立筹备组。资源支持通常包括人员支持，还可以邀请一些有经验的同事加入，共同组成筹备组，做好分工。

3. 确定年会形式和主题。讨论确认本次年会采用何种形式，根据公司的经营现状和发展方向，结合当下的热点话题确定年会主题。

4. 策划内容并初步估算。年会要策划参与性较强的活动，营造热闹的气氛，也要考虑安全因素和正面意义，然后做出相应的预算。

5. 确定年会的时间地点。选择工作不是特别忙碌的时间，尤其要考虑领导们的时间安排；年会地点应考虑交通便利、环境较好的地方。

## 如何向上级汇报工作（萃取认证班学员迟讯提供）

年底来临，又进入向领导们汇报各种工作进展的时间。你是否总是进办公室时忐忑不安，汇报时手忙脚乱，走出来时一头雾水呢？机会总是留给有准备的人，如果提前做好功课、准备好数据、语言有逻辑等，就会把每次汇报变成展现自己的机会。

1. 预估重点：按照领导习惯，思考他关心的重点是什么。
2. 数据详尽：备好相关数据，尽可能用图像等形式展现。
3. 论点先行：先说论点再说论据，简明扼要、重点突出。
4. 做选择题：要请示的项目，做出备选方案让领导选择。
5. 语言准确：避免"可能""也许""大概"等模棱两可的词语。
6. 抓住中心：展开某一点时要收放自如，不要偏离航向。

## 如何验证培训效果

公司每年会开展各种各样的培训，花费大量时间和精力，那么如何验证培训效果？关键是培训评估体系的完善和落地。

1. 宣导：培训前宣导，向学员明确培训目的及任务。
2. 把控：全过程把控，锚定清晰的培训主题。
3. 评估：训后及时评估，调研科学全面的数据。
4. 跟踪：持续跟踪培训学员的行为转化，推动成果落地。

### 部门管理，新手要如何开始（萃取认证班学员李英提供）

小美刚刚被任命为部门经理，负责一个部门的管理工作，可是小美之前从没做过管理类的工作，该如何进行呢？最重要的是要掌握一些管理技巧，可以从以下4个方面进行。

1.培养团队文化：统一的团队文化可以统一部门人员的认知，从而在进行工作的时候更加有效。

2.建立彼此信任：在团队成员之间建立信任感，可以让团队更加具有凝聚力，在沟通的时候也更加高效。

3.调整自我认知：作为部门经理，要调整自己的认知，认识到自己的角色是帮助者、推动者，而非高高在上的领导者。

4.掌握沟通形式：作为部门经理，要时刻关注每个部门成员的心态和动向，主动进行沟通，并根据实际情况灵活改变沟通形式。

### 如何识别候选人"真实性"

面试是人才招聘中的重要环节。有的候选人为了获得工作机会，会夸大或伪造自己的经历经验，面试官如何快速有效做出"真诚性"的识别？重点在于看候选人的情绪和内容指向是否一致，具体步骤如下：

1.察：察看表情定变化。严肃、开心还是没有变化。

2.言：言语细节定逻辑。是否有细节，是否有逻辑关系。

3.观：观察真假定疑点。观察表情是否随内容变化而变化。

4.色：根据表情定证据。表情变化、内容逻辑找证据。

5.好：好坏结果定决策。打分写评语，做出录用决策。

### 面试官如何准确地提出问题

对于每家公司来说员工都是最宝贵的财富,如何在面试环节把好第一道关,在众多候选人中找到真正适合的人才呢?训练有素的面试官,可以通过有效提问等4个步骤,完成这项工作。

1. 望:交谈时的微表情与穿着打扮。
2. 闻:回答问题时表现的语调语速。
3. 问:关键问题要大胆地深挖细谈。
4. 切:通过测评技术分析匹配程度。

### 如何处理员工纠纷

公司是一个集体,工作过程中,出现矛盾是不可避免的,如何快速合理处理员工纠纷呢?可以根据公司制度制订以下流程:

1. 隔离。将涉事双方迅速隔离,及时安抚。
2. 查看。查看双方伤情,如严重需及时送医。
3. 了解。客观了解事件前因后果,详细记录。
4. 调节。调节双方矛盾,做到公平公正。
5. 惩罚。根据制度惩罚,如严重须报警。

### 如何激活团队

工作中会有不同的团队,每个团队在组建初期总会有各种各样的问题。如何才能让团队成员齐心协力,实现团队价值的最大化呢?

1. 激:激发要走心,和团队成员一对一地沟通,打开其内心,激发其需求。
2. 活:活动要用心,组织设计走心的活动,让团队成员能够拉近彼此的心理距离。

3.团：团结要决心，团队共同制订目标和执行计划，分工合作，在规定的时间内完成。

4.队：队伍要共心，朝着共同的目标，团队优势互补，从我到我们共同进步。

### 如何放手让团队主动完成项目

重大项目总要一级主管来操办。主管也有一堆自己的工作，又担心团队依赖他而不能成长。怎么放手让团队大干一场，自己省心力，团队还成长呢？下面4点可以协助团队独当一面：

1.授权后旁观：先给予团队充分的授权，再放手，不去干预团队的策划、决定过程。

2.信任后引导：彻底信任团队，他们有认真负责的状态才是重点，结果是其次；适时在团队需要建议时，给予看法，不做决定。

3.尊重后鼓励：不给予任何负面评价或情绪，保持尊重；鼓励团队成员自己创造和尝试，为自己做决定就好。

4.兑现后供给：一旦授权、鼓励团队后，就一定要坚持兑现承诺；尽所能给予团队所需资源和支持，让团队有充足的弹药打仗。

### 如何处理客户投诉的标准程序

在服务行业的工作，总是会对投诉处理不善，造成客户更为严重的投诉，应该怎样处理投诉呢？关键是规范投诉处理的程序，可以通过以下几步完成：

1.问清：问清投诉原因，了解事情经过。

2.类似：类似处理方案，提供参考依据。

3.倾听：倾听客户投诉，给予理解。

4. 了解：了解客户诉求，衡量能否满足。

5. 提出：提出解决方案，要快速。

6. 满意：客户满意，引导再次光临。

### 如何提高PPT美观度

很多人做报告时讲得很棒，但最终的结果不尽如人意，原因是什么呢？很大一部分原因在于PPT的美观度不够，具体可通过以下步骤改善：

1. 提取：学会提取每张PPT的关键词语，提炼重点，简明扼要。

2. 选取：搭配关键词选取典型案例，做好延伸展开，接地气。

3. 精简：做到页面内容精炼简洁，减少每张PPT的字数，拒绝长篇大论。

4. 搭配：适当放入与页面内容相关的图片，会更显生动，要求色彩不突兀要和谐。

5. 统一：同一级别的文字要保证大小一致，字体全篇保持一致。

6. 标记：页面内容的重点要点一定要标记，可通过字体或色块凸显。

7. 动态：增加动画效果可以让你的PPT活泼起来，有层次感。

### 如何进行培训控场

培训现场常有学员缺席、睡觉、随意接听电话等现象，这严重影响了培训效果，那如何有效对培训进行控场呢？可以通过"确认、区分、重申、建群、奖惩"5步来实现。

1. 确认：培训开始前需要确认全程参加者和不能全程参加者。

2. 区分：将全程参加者放在主培训区，将非全程参加者放在旁听区。

3. 重申：根据《培训与教育管理办法》重申主培训区学员纪律。

4. 建群：用面对面建群的方式，建立学习微信群。

5. 奖惩：主培训区学员违反培训纪律，需要发 10 元以上的微信红包；没有违反培训纪律的，并且课堂表现积分最多的小组获得培训奖励。

**如何做好会议接待**

随着公司的发展壮大，有越来越多的会议需要在公司召开。但是各部门的会议接待能力水平参差不齐，或多或少会有所疏漏。怎样帮助各部门人员规范地执行会议接待各项工作呢？可通过以下几步来完善：

1. 了解会议要求：这是会议执行重点。会前了解会议时间、参与人数、会议排桌、会议设备所需，全面了解清晰到位。

2. 分解具体任务。比如会议排桌席卡交到培训部、如有餐饮住宿前期联系外部酒店、会议资料由主办部门提供等。

3. 会前相关对接。根据任务分解联系相关部门，落实时间节点及要求。如与预期有出入，需与会议主办方进行沟通协调。会场设备提前检测调试到位。

4. 会中掌控执行。会议中需会议室工程部人员随时待命，以防设备突发故障应急处置。会议服务人员也需待命，方便与会人员有特殊要求处置。

5. 会后费用结算。会后做好与会人员的接送服务（如有接送机等），与相关部门终结相关会议费用，做好总结归纳。

6. 检查优劣得失。复盘全局，检查工作优劣得失，总结、反思、提炼，持续提高。

## 如何做好企业内刊

很多企业都想制作带有企业本身特色的内部刊物，但往往企业的内部刊物员工并不感兴趣。怎样做好内刊呢？关键在于让员工参与其中并有收获，可以通过以下几步完成：

1. 甄选：可以在年底时做好员工调研，确定哪些栏目是员工感兴趣的，结合公司高层要求，甄选好刊物栏目主题。

2. 组织：定期组织积极投稿的员工开展活动，让他们带动更多的员工参与投稿。

3. 制度：建立合理的稿费奖励制度和优秀评选制度。

4. 趣味：在刊物上设立和员工互动的栏目。

5. 专栏：定期设置专栏，让有专业特长的员工有平台展示。

## 招兵买马——直销员招募四步走

公司每年都要组织秋季校园营销，靠自有员工集中扫楼效果不太好，怎样才能招募到校内直销员提高产能呢？关键是让你的招募信息有效到达目标群体中，具体操作如下：

1. 纳新阵地要选好：选择本校学生群体聚集地进行发布，比如线上发帖、社团洽谈、促销招募等方式。

2. 职能阵地分配早：在纳新前就要做好各个职能负责人工作的分配。

3. 闭环管控严格搞：在纳新过程中要严格管控时间，推进进度，有布置有反馈。

4. 效果评估及时了：纳新结束后及时召开效果评估会，按各个渠道招募效果调整策略。

## 如何做好宽带客户体验改善

当前通过吸引粉丝后的微信营销来提升产能已经成为迫在眉睫的动作,那么如何将粉丝量转化成目标产品销量呢?关键在于挖掘维系,具体操作如下:

1. 分类:做好粉丝类型自定义分类,比如流量需求型、语音需求型。

2. 宣传:不同类型的粉丝宣传方式要不同且有新意,比如给流量型用户专发送一些省流技巧、新奇 APP 宣传来吸引他们。

3. 维系:定期对已成交目标群做好有效维系,一问二跟三送——问使用感受,跟账单分析,送目标群需要的增值服务。

## 如何做好客户的日常服务

随着用户宽带需求的日益增大,要做好宽带用户的日常服务,关键在于从根源上了解客户的需求,强化过程跟进,举一反三。具体如下:

一理:梳理好投诉路径,分析和梳理客户需求的传递渠道。

二跟:跟踪好预约动作,强化对客户预约时间的及时响应。

三监:监控好处理时限,对客户需求处理形成有效的监控。

四推:推进好沟通指导,加强对用户日常使用习惯的指导。

五归:归集好存在问题,事后加强对共性问题的分析归集。

六解:解决好问题清单,举一反三,对共性问题逐一解决。

## 企业文化就该这么搞

企业文化的建设对企业的生存和发展至关重要,但是现在很多企业对企业文化的认识不够,如何让企业文化更好地指导企业的发展呢?关键是要塑造优秀的企业文化,优秀的企业文化包含哪些要素呢?

1. 要坚持以人为本:倡导平等沟通,鼓励民主参与,确保利益公平。

2. 要提升核心竞争:不断创新优化产品,提高产品质量,提供优质服务。

3. 要服务发展战略:要承接企业的发展战略,结合企业的发展阶段及运营水平。

4. 要提高员工认同:企业价值观和员工价值观要和谐统一。

## 如何吸引用户进店消费

营业厅时常开展促销,却收效甚微,无法达到预期效果,如何才能更好地吸引用户进店消费呢?关键在于"一找二定三实施",具体操作如下:

一找:寻找有效聚客方式,有共鸣有互动为最佳。

二定:确定聚客方式和时间,人流高峰期时开展为优选。

三实施:开展聚合活动,针对吸引到的不同类型用户,因人而异地进行差异化营销。

## 怎样有效提升渠道能力

社区网格很多渠道人员都在做渠道能力提升训练,但总是无法达到预期效果,怎样才能最有效地达到能力提升?关键是闭环管控措施安排好，具体操作如下：

1. 政策制订：制订渠道激励政策，最好根据阶段性。
2. 宣传培训：做好渠道的政策宣传、宣传补充、沟通培训。
3. 跟踪通报：每天跟踪渠道销售产能，及时通报数据。
4. 问题纠偏：通过总结阶段性数据发现问题，及时纠偏。
5. 能力总结：总结成功的经验，复制推广。

### 微信公众号如何转化流量

微信公众号推送的软文，总是达不到预想的效果，怎样才能实现流量转化？关键在于标题醒目、内容丰富，具体操作如下：

1. 工具适用：选择排名靠前的软文编辑器，如秀米、兔展、易企秀等。
2. 标题醒目：精练简洁，让人过目不忘，以结合当期热点为佳。
3. 内容丰富：条理清晰、卖点明确，有足够的说服力引导用户转化。

### 如何了解客户的上云需求

客户经理在营销云业务时，总是无法把握客户是否需要上云。怎样能够清晰地了解客户上云需求？关键是"一问二挖，三析四转"。

一问：询问客户现状。包含客户的硬件配置、软件部署、运维工作量等。

二挖：挖掘客户痛点。善于发现客户问题，及时进行归纳总结。

三析：分析客户需求。根据客户问题分析上云需求，并完成用户画像。

四转：转换上云业务。根据用户画像配套上云业务解决方案。

## 社区宽带营销如何"对症下药"

进社区进行宽带促销活动如火如荼地开展，但常常费时费力，收效甚微，无法达到预期效果。如何才能做好社区宽带营销？"西药"见效虽快，但社区宽带营销工作更需"中药"调理：望、闻、问、切。要想疗效好，具体如下：

1. 望：做好宣传造势的标准动作，让用户"望有所望"。

2. 闻：做好区域内的用户吸粉，让用户"望有所闻"。

3. 问：完善社区物业客群，盘点资源，建立一区一档案。

4. 切：开展社区促销，让用户切身感受优惠，对症下药，因地制宜，耕耘推进。

## 地推如何提产

现在公司发展面临瓶颈，产能处于低迷期。现阶段怎么组织有效地推实现提产？现提议如下：

1. 目标寻找：精准寻找目标地推地点，做好地推点关键人物洽谈。

2. 人群分析：做好人群分类，按年龄、职业（消费）能力来分析，了解地推点目标人群特性。

3. 宣传讲解：把地推产品优惠政策进行包装，拿单页算流量，拿手机算省钱；再算应用，算价值。

4. 人员提升：人员激励方式可为假期或奖金，了解地推人员心情，合理安排地推人员休息，让地推人员由"让你做"变成"我要做"。

5. 吸引人流：人流高峰期时间，通过喊麦送礼品、人员互动等吸引人。

## 如何让主动营销组织更有成效

主动营销各网格人员均在加大力度开展工作，但单场产能总是达不到预期，怎样才能提升营销组织成效呢？关键在于精细化营销组织。

一找：结合网格特点，充分发挥网格人员自身人脉资源优势，深挖目标市场，提升商机获取能力，形成台账。

二定：抓住关键时间点，分析客户需求及产品卖点，有效包装产品方案，制订个性化营销技巧和作战计划。

三细节：注重现场声势营造及吸粉维系，提升聚客引流效果及成功率。

四优：及时总结每次营销组织存在的不足，不断优化改进。

五学：学习先进单位的标杆案例，复制推广。

六规范：根据经验总结，形成分场景营销标准化动作，提升营销组织成效。

## 云网销售大揭秘

云网的销售已经铺展开来，但面对客户时，云的话题都是一带而过。怎么才能专业有效地发掘客户的上云需求达成销售呢？关键是行业特性要分析透，具体如下：

1. 客户痛点了解到位：了解客户的业务痛点、技术痛点。

2. 行业特性分析到位：对不同行业的特性进行总结分析。

3. 优势对比展示到位：与传统云服务器解决方案对比，凸显云网解决方案的优势。

4. 优秀案例介绍到位：给客户展示全国标杆案例，云网场景具体化展现。

5.成功经验总结到位：对成功案例进行复盘，为下次拓展总结经验。

## 第八节 萃取教训

工作中的冲突、问题可以萃取,生活中的错误、难题可以萃取,基于一个问题,萃取经验或教训,折合为具体的操作步骤,避免以后再次犯错。

**案例**

### 如何识别员工离职前兆

企业都有过员工离职,但有的企业对员工离职前的动向一点都不了解,造成一定的被动。那如何提前了解员工的动向呢?送你三个字:变、耗、藏。

1. 变:观察员工对外交往是否变多?如电话突然变多,在招聘网站频道更新信息等。

2. 耗:识别员工是否对内消耗敷衍?比如,工作中开始推诿,时常顶撞上司等。

3. 藏:鉴别员工是否隐藏关键信息?如开始有意识地收集资料和人事信息等。

## 移"话"接"睦",友善结束不感兴趣的微信聊天话题
### (萃取认证班学员刘懿提供)

你正忙于某件事情,突然朋友发微信想跟你聊一个话题,你礼貌回复几句之后感觉聊不下去了。这时如何礼貌地结束不感兴趣的话题呢?最好的办法是委婉地切换话题,主要有以下几个步骤:

1. 拉长回复的时间,让对方认为你可能在忙。
2. 回答尽可能简短,不展开话题避免打开对方话匣子。
3. 提出不同的观点,让对方不能跟你产生共鸣。
4. 委婉地切换话题,从对方语句中找其他可聊的点。

## 第一次主持公司年会需要注意什么(萃取认证班学员张娜提供)

从来没有过主持人经验,一直致力于做吃瓜群众,熟人疯、生人愣,却被莫名其妙拉去做公司年会主持人,心里完全没底怎么办?别担心,其实主持公司年会最重要的是准备充分、反复练习。下面教你几招,让主持"小白"从容应对。

1. 熟悉年会活动流程、主持词,不要总想临场发挥。
2. 做好充分准备,手卡、合适的服装、搭配等。
3. 反复练习、彩排,做到对场上一切可能发生的情况了然于胸。
4. 年会当天提早到会场,熟悉场地、调试音响。
5. 台上衣着整洁、仪态大方、精神饱满,遇到突发情况灵活处理。

## 五步在手,中标不愁——项目标书书写攻略
### (萃取认证班学员李英提供)

小美刚接到领导指示,要为下周的项目投标写一份标书,可是小美对此毫无经验,时间又紧,该怎么办呢?最重要的是要对项目执行

有想法，可以从以下5个方面入手：

1. 介绍自己的公司，从公司发展历史、主营业务、合作品牌等方面对公司进行简单介绍。

2. 说明对项目的理解情况，包含对项目背景、项目目标、项目难点等方面的理解。

3. 写出项目执行思路，对项目执行的整体思路和想法进行介绍。

4. 列举项目执行团队，包含项目总监、项目经理、项目成员及他们各自的项目职责。

5. 提供项目保障机制，包含项目执行时间、项目师资、项目执行质量等方面的保障。

**做微商，别说你不怕没朋友（萃取认证班学员刘懿提供）**

打开朋友圈，满屏的微商广告让人讨厌，但确实有人赚得盆满钵满。如果你想加入微商大军，又不想失去朋友关注，怎么办呢？最重要的是不要造成信息干扰，主要有以下几个步骤。

1. 群发一条通知。告诉大家你加入了微商，日后会在朋友圈推荐某种产品，如果对方不想接到这些消息请回复告知。

2. 设立一个分组。将不愿接收广告的朋友设置在一个组，发送广告类消息时屏蔽这个组。

3. 尽量不发鸡汤。除了广告以外，鸡汤文也不受待见，而微商加鸡汤文就等着被拉黑吧。

4. 多发多彩生活。人总是对别人的生活充满好奇，尤其是丰富多彩的生活，他们就不舍得屏蔽你啦！

### 教你三步做好投诉及时反馈（萃取认证班学员谢然提供）

服务人员面对顾客投诉时，往往因为问题反馈不及时，而失去解决问题的最佳时机。到底该关注哪些才能做到及时反馈呢？牢记以下3点：

1. 首问负责制：接到顾客投诉问题要负责到底，直至顾客满意为止。

2. 两记录：做好顾客投诉记录和交接记录。

3. 三反馈：对顾客投诉及时反馈给顾客，及时反馈给上级部门或领导，及时反馈给责任部门或责任人。

### 玩"年"之策，策划一台好玩的年会节目

每年年底很多企业都流行吃年夜饭办年会，但是办年会选节目着实让人事行政部门头疼。如何成功地策划一台好玩有趣的年会呢？这里有5招。

1. 定：定型定量。确定节目的类型和目标数量，定好框架。

2. 报：按时提报。开会要求各部门按时按量提报1~2个节目。

3. 选：海选提炼。对各部门报上来的节目进行海选，从中挑选出较好的节目，预留余量。

4. 练：指导排练。对选定的节目进行外援或内部指导排练。

5. 优：存优去劣。年会前2~3天按照节目单进行彩排，进行优化，存优去劣。

### 春"风"化雨——培训师台风训练五妙招
### （萃取认证班学员张梓靖提供）

每个培训师都希望自己具备自信稳健、亲切又不失威严的台风，

以提升自身魅力。如何训练好的台风呢？最重要的是多学多练，重点分为5步。

1. 衣着得体：男士西装女士职业套裙，妆容简洁，展现良好形象。

2. 丰富积累：多多学习知识，涉猎广泛，腹有诗书气自华。

3. 多方借鉴：多看台风优秀的讲师的视频，观察学习其特点。

4. 千锤百炼：经常对着镜子练习，注重各项细节磨练。

5. 眼神运用：向下表示威慑，平视表示交流，微笑传递亲切，适度作用可加分。

## 异地出差遇公司突发事件，应急处理妙招

工作出差时总有公司突发情况需要远程联系你，并要求你去处理，人在异地又不能亲临现场指挥，如何快速解决此事？关键在于如何冷静分析事情，安排处理流程。

1. 倾听：突发事件内容要听清楚，不遗漏。

2. 梳理：分析现有条件，要充足考虑周全。

3. 排除：心中烦恼杂念要排除，保持冷静头脑。

4. 计划：果断计划处理解决流程。

5. 委派：及时找到现场处理负责人。

## 如何快速解决评估问题

2018年6月，芯片出现异常，两名员工在不同的设备上均看到了问题。但经过3天的分析仍不能找出问题的根源。怎么才能解决评估中遇到的问题呢？最重要的是定位并推理问题，至少要做以下5步。

1. 反常现象观察记录，为推理准备依据。

2. 把当前问题与问题集对比，看之前有没有发现类似问题。

3. 推理问题原因，根据对产品的理解合理并大胆地猜测。

4. 用电脑模拟推理是否正确，这是检验推理的唯一途径。

5. 得出评估结论，将问题描述放入问题集中，供以后参考。

**留学生在国外旅游证件丢失怎么处理**

留学生大都是青春活力的年轻人，经常会利用大小假期践行"世界那么大，我想去看看"，但是由于欧洲国家治安状况并不理想，留学生经常会在旅途中丢失证件，导致无法回到求学国家。如何应对证件丢失状况？关键是清晰补办签证流程。

1. 挂失：第一时间挂失银行卡、证件等。

2. 报警：及时报警并获得盖章的警察证明原件。

3. 收集：全面收集身份证明材料，包括在读证明、居住证明等。

4. 网申：登录该国移民局官网认真填写资料。

5. 面签：携带全部面签材料按预约时间到达该国驻当地大使馆处递签。

**捷思慢讲，如何根据现场学员问题即兴作答**

当我们进行培训授课时，经常会遇到学员提问。如果问题是我们事前没有准备的，该如何处理呢？重要的是要在有限时间内获取最大信息量，可按照以下5步进行：

1. 开口接话：重复学员问题并进行释义，获得问题确认。

2. 边讲边想：重复学员问题时快速梳理思路，找到答疑路径。

3. 以问代答：以提问的形式进行反问，如你为什么会这样想、你的理由是什么等。

4. 对接主题：当找到问题关键时，要与学员进行主题澄清。

5. 找到角度：找到与此问题类似的案例进行分析解答。

### 如何解决项目小组之间的冲突

项目小组之间难免会产生协作冲突，这种冲突如果不及时解决，将极大影响项目交付。如何解决冲突呢？重点在于小组之间信息通畅，相互理解。

1. 提前预判促融合，坦诚可能遇到的问题，共同面对。

2. 组长会议促沟通，提供互动和沟通的平台。

3. 信息通畅促理解，小组之间相互知晓各自情况。

4. 把脉需求促共鸣，寻找共同利益点，共进退。

5. 相互让步促协作，说明彼此难处，相互宽容。

### 如何有效运营公众号

现如今公众号数量较多，大多用于营销，也有一部分是内容输出，在实际运营过程中经常遇到粉丝数量急剧下降或增速缓慢的情况。如何能够增加粉丝的黏性？重点在于公众号活动的运营，具体步骤如下：

1. 搞好源头：用户习惯分析，分析细分群体基本数据（分布、阅读习惯等）。

2. 定好方案：线上线下活动，配套多元化活动方案（线上社群、线下兴趣社等）。

3. 搭好资源：自上而下整合，发动所有关系整理重要关键资源（超级个体、网红明星等）。

4. 做好体验：注重客户体验，关注活动后粉丝（特别是名人、明星等）体验。

5. 护好渠道：全员维护渠道。微信群、社区媒体、QQ群有专人运营维护。

## 四个步骤，让你的微信朋友圈彬彬有"礼"
### （萃取认证班学员李英提供）

小美前段时间在自己的朋友圈里转发了几条广告，后来无意中听同事讲起这件事，言语中对她的行为颇有微词，小美觉得很沮丧。如何礼貌地发微信朋友圈呢？最重要的是要做到替别人着想，可以从以下4个方面入手。

1. 戒：戒发硬广。如果不得已要帮朋友发广告，一定要对文章进行修改，变硬广为软文，这样才不会招致别人的反感。

2. 忌：忌强行要求点赞。有人为了在购买商品时获得一定的优惠，会按商家要求"强行"要求朋友点赞，这种行为也会让人厌烦。

3. 慎：慎发敏感内容。有人为了在朋友圈制造传播效果，会发一些敏感性的小视频，如暴力、血腥等内容，这种行为也没有考虑受众的感受。

4. 节：节制刷屏。有的人把朋友圈作为自己生活的现场直播，一天能发几十条内容来刷屏，这种行为也会让人不耐烦。当然，如果你颜值很高，那分享可以无限制。